9원의 추억

耕沙 허남석 에세이집

'9원의 추억'이 깃들어 있는 길
파로호 호수 넘어 멀리 어릴 적 소년이 굽이굽이 돌아 달렸던 길이 아스라이 보인다.

사진 | 전경해 작가
강원다문화복지신문발행인 / 인터넷뉴스 '로컬세계' 편집인

도서출판 태원

耕沙 허남석 에세이집

9원의 추억

발 행 2025년 09월 07일
지은이 허남석
펴낸곳 도서출판 태원
24349 강원특별자치도 춘천시 서부대성로 110-2
TEL (033)255-0277   E-mail tw0277@hanmail.net

ISBN 979-11-6349-148-4 03810

값 15,000원

ⓒ허남석, 2025, korea

이 책은 저작권법에 의하여 보호를 받는 저작물이므로 무단 전재와 복제를 금합니다.

이 도서는  강원문화재단 후원으로 발간되었습니다.

| 프롤로그 |

감사의 마음으로 책을 열며…

　세상에 자신의 책을 펴낸다는 것은 참으로 기쁘고 감사한 일입니다. 하지만 아쉽고 아무리 애를 써도 채워지지 않는 부족한 글솜씨에다가 그 내용들도 지나온 삶의 부끄러운 조각들이 대부분이고, 특히 그 사고의 능력마저 욕심으로는 채울 수 없는 낮고 연약해 어떤 보람보다는 두려운 마음이 앞서는 것도 저의 솔직한 심정입니다.

　하지만 제가 기울일 수 있는 모든 노력과 정성을 다했습니다. 정말 최선을 다해 책을 만들었습니다. 그러기에 그 어떤 고언도 예외 없이 달게 받겠다는 각오를 하니 용기가 생겼고 그에 힘입어 이 책을 완성할 수 있었습니다.

　돌아보면 중학교 2학년 때 '교내 시화전'이 열린다는 소식과 함께, "모두들 시 한 편씩 써 내라." 하신 국어 선생님의 말씀을 듣고 제출한 詩가 교내 화단에 전시되면서 문학에 대해 처음 관심이라면 관심을 갖게 되었습니다. 하지만 본격적으로 제 나름의 글을 쓰기 시작한 시기는 그로부터 무려 40여 년이 흐른 2013년이었습니다.

　그해 초겨울이니까 11월쯤으로 기억되는 시기에 '구인문학회'에 가입하고 한 편 두 편 글을 쓰면서 막연히 언젠가는 '나도 내 책을 가져보자.'는 꿈이 생겼고, 그 소망이 13년 만에 드디어 이루어진 것입니다. 그 과정을 짧게 돌아보면 금년 1월 강원문화재단에서 '2025년도 전문예술지원(개인)문학 분야 지원 신청 공고'가 있었는데 그 소식을 접하고 신청한 결과 최종 지원대상자로 선정되는 기쁨을 누리게 된 것입니다. 이 지면을 빌려 문화 창달과 창작문학의 진작을 위해 큰 관심을 가지고 지원을 보내주신 강원문화재단과 관계자 여러분께 마음 깊은 감사 인사를 먼저 드립니다.

선정 소식을 듣자마자 본격적으로 수필집 발간 준비에 착수를 하였습니다. 그동안 써 놓은 글들을 비슷한 유형끼리 분류하여 대강의 목차를 정하면서 과연 어떤 내용 어떤 모습의 책을 내야 하는 지 이리저리 궁리도 하고, 이미 세상에 나온 수필집들을 살펴보다 보니 생각보다 구성요소가 엄청 많다는 사실을 알게 되었습니다.

우선 책의 제호와 표지화도 필요할 뿐만 아니라, 저자의 사진과 약력도 필요하고 일생을 살아오는 동안 지대한 영향을 받은 분의 격려의 글도 모셔야 하고, 사랑하는 자녀들의 글도 책 한편에 담아 넣으면 참으로 좋겠다는 생각까지 준비할 게 하나둘이 아니었습니다.

그러면서 계속 마음속에서 떠나지 않는 것이 있었습니다. 그 중 하나는 우리가 살아가고 있는 이 세상은 생각보다 아름답고, 생각보다 사랑이 넘치고, 생각보다 기쁘고 감사한 일이 정말 많다는 것입니다. 다만 그러한 것들을 세상에 조금이라도 알릴 수 있다면 얼마나 좋을까 하는 것이고, 또 하나는 단 한 분이라도, 단 한 편이라도 누군가에게 읽혀지는 책이 된다면 얼마나 행복한 일일까 하는 것이었습니다.

그리고 책 속에, 글 속에 담아 놓은 수많은 다짐들을 살아있는 동안 하나씩 둘씩 실천하는 노력도 게을리 하지 않아야겠다는 생각을 하면서, 내 나이 삼십 대 시절 나에게 큰 울림을 주신 존경하는 도산 안창호 선생님의 '무실역행(務實力行)'에 관한 생각과 성경 말씀에 '행함이 없는 믿음은 그 자체가 죽은 것'이라는 진리의 말씀을 떠 올리면서 그 부족한 실천을 서약하고 다짐하는 의미를 담아 두 주먹을 굳게 쥐어 봅니다.

제 첫 수필집에 축하의 글을 보내 주신 시인이시며 현재 (사)강원도사회문화연구소장과 한림대학교 연구교수로 봉사하고 계신 이공우 박사님께 마음 깊이 감사드립니다. 특히 1977년도에 제가 공직을 휴직하고 군대에 갔을 때, 군청에 발령을 받으신 시인께서 저희 어머니를 뵙고 힘겹게 사시던 어머니를 위로해 주시고, 제가 3년간의 군 생활을 마치고 복직을 해서 같은 과에서 뵙고 모시면서 시작된 수십 년 간의 아름다운 인연과 가르침은 잊을 수 없습니다. 지금도 시인께서 그분의 어머니 사진을 휴대전화기에 간직하시고 그리워하시는 모습을 오랫동안 보아 오면서 턱없이 부족한 제 어머니에 대한 효성을 일깨워 주시고, 제 어머니가 소천하시기 수년 전부터 해마다 어머니 좋아하시는 과자를 보내주셔서 맛있게 드시던 모습이 지금도 어머니가 누워계시던 방에 들어갈 때마다 새롭게 떠오릅니다. 특히 '날지 못하는 새의 꿈'처럼 글을 쓸 때마다 "이게 글이 될 수 있을까?" 수많은 자문자답으로 자신감 없고 부끄럽게만 생각되는 글이 있는데, 마치 "너는 날 수 있어!" 하시듯 귀한 감동의 글을 보내 주신 이공우 시인님께 감사드립니다.

명화 속에 담긴 '사랑과 평화'의 정신, 그 고매한 인품과 독실한 신앙심을 닮고 싶은 분, 바로 책의 표지화의 영광을 주신 이상필 화백님께 감사드리며, 강원다문화복지신문의 발행인이신 전경해 작가님, 국내와 전 세계를 누비시며 수많은 사진예술 작품을 탄생시키신 김진하 작가님께도 감사드립니다.

특히 표지 제호를 예쁘게 써준 조카 허가영 캘리그라퍼에게도 정말 고맙다는 말을 이 책에 남기고 싶습니다.

무엇보다 10여 년 넘게 걸음마 수준에 불과하던 필자를 끊임없이 지도 편달해 주셔서 첫 수필집을 무사히 낼 수 있게 이끌어 주신 구인문학회 회장이신 청파 이복수 박사님과 정춘기, 박장규, 안재학, 이영수, 김춘화, 박화선, 김희목 동인 회원님, 그리고 춘천수필문학회 일촌 박장규 회장님과 회원님, 책 출판의 이정표 역할을 해 주신 김현숙 시인님 등 이모저모 큰 도움을 주신 많은 분들께 마음 깊이 감사드립니다.

여러모로 부족한 글을 곱고 예쁘게 편집하고 세상에 탄생시켜 주신 도서출판 태원의 사진환 대표님과 관계자 여러분께도 깊은 감사를 드립니다.

끝으로 아무것도 없는 가난한 집에 시집와서 숱한 위기와 온갖 어려움 다 이겨내고, 특히 고향집을 고집하시던 어머니가 연로하셔서 더 이상 혼자 사실 수 없는 상황에 이르렀을 때, 아내가 먼저 나서서 "어머니를 우리 집으로 모시고 와서 내가 직접 모시겠다."고 선언한 후 지난 2022년 11월 25일 소천하실 때까지 온갖 정성을 다해

섬긴 고마운 아내! 여러 편 글의 주인공이 되어준 아내에게 진정 마음속에서 우러나오는 고맙고 사랑한다는 말을 전하고 싶습니다. 그리고 가슴 뭉클한 축하 편지를 보내 준 세상에서 제일 예쁜 김나영 며늘아기와 큰아들 학영이, 첫 손자 도윤이와 은준이, 늦은 나이 공직에 입문해 보국위민의 길을 걷고 있는 둘째 아들 문영이에게 "고맙다 그리고, 할머니가 늘 하시던 말씀 엄청 사랑한다."는 마음과 글을 남기고 싶습니다.

2025년 8월 여름날　耕沙 **허남석**

|축하의 글|

천하도처유상수(天下到處有上手)라 할 수밖에…

이공우 / 시인, (사)강원도사회문화연구소장

　훌륭한 글을 접할 때마다 내가 가장 먼저 떠올리는 건 "아, 세상에는 재주 많고 솜씨 좋은 인재들이 정말 많구나"하는 생각입니다. 어디 글뿐이겠습니까. 모든 창작의 영역에서 다 그렇습니다. 우연히 마주한 어느 미술전 도록(圖錄)에서, 옛 직장동료가 출품한 유화(油畵)를 발견했을 때의 그 충격적 순간에도, 뇌리를 스치는 오직 한마디는 '천하도처유상수(天下到處有上手)'였습니다. 이 말이, 놀라움과 의외성의 감탄에서 발현된 것이라 한다면, 〈9원의 추억〉 출간을 두고 내가 인용할 만한 축하의 말은 아닐지도 모릅니다. 작가와 나는 이미 수십 년의 인연을 쌓으며 교우(交友)해온 처지이니, 새삼스러울 그 무엇도, 예상 밖의 그 어느 것도 도무지 없을 것 같은 그런 사이이기 때문입니다.

　그럼에도 불구하고, 나는 꼭 이 말을 들어 그의 빼어난 글을 축하하고 싶습니다. 한 방울의 아침이슬 같은 사물에서 무변광대한 우주의 신비를 발견하는 상상력, 무형의 영감을 형상화하고 시각화하는 지적(知的) 정서적 고뇌, 언어의 연금으로 담아내지 못한 불립문자(不立文字)의 여백과 이를 통한 독자와의 4차원적 대화, 순간순간의 감정을 극도로 절제하며 흔들림 없는 시선을 유지하는 작가정신 등,

모름지기 상수(上手)의 면면 그 자체입니다. 진심을 담아 존경의 뜻을 표합니다.

내가 '상수(上手)'라는 말로 작가를 상찬하고자 하는 또 하나의 이유는, 바로 어머니를 사랑하는 그의 언행에 있습니다. 나는 그의 그런 진정성 깊은 말과 행실이 어디에서 온 것인지를 잘 알고 있습니다.
그를 만나기 두 해쯤 전에, 나는 그의 어머니를 먼저 뵈었습니다. '군청(郡廳)에 새로 발령받고 서울에서 온 사람이 하숙에 들었다'는 소식을 듣고, 어머니는 나를 보기 위해 부러 하숙집에 오셨습니다. "객지에서 고생이 많겠다" "어머니가 얼마나 걱정하시겠나" "내 아들도 군청에 다니다가 군대에 갔다" "저 멀리 전라도에 가 있다"고 하신 게 말씀의 전부였습니다. 그저 흔연히 나를 바라보던 눈빛과 표정에는 자식을 그리워하고 사랑하는 어머니 마음의 모든 것이 담겨 있었습니다. 일어서시며 흘리시던 어머니의 굵은 눈물이, 손등만큼이나 거칠게 주름진 뺨을 흘렀지요. 그는 그런 어머니의 사랑을 먹고 자랐고 그 사랑으로 어머니를 봉양했습니다. 노환으로 거동이 어려우신 어머니를, 아내와 더불어 하늘로 가시는 날까지 지극 정성을 다해 모셨습니다. 책에 수록된 몇몇 작품을 통해서도 어머니에 대한 그의 마음을 접할 수 있습니다. 그러나 그가 정령 상수(上手)인 것은, 그런 효심을 세상을 대하는 자세에 그대로 드러냈다는 것이요, 글쓰기 방식에 고운 결로 물들였다는 점입니다. 그의 글에서 독특한 사람 향기가 나는 이유요, 소소한 신변일기일 수도 있는 것들을 무릇 상수의 출산으로 응대하는 격조 역시 바로 그 때문입니다.

'햇빛에 바래면 역사가 되고(褪於日光則爲歷史), 달빛에 물들면 신화가 된다(染於月色則爲神話)'고 했습니다. 이병주 선생이 대하소설 〈산하〉의 제사(題詞)에서 한 말씀이지요. 세상사를 염두에 둔 메타포(metapor)였겠지만, 개인사도 그와 다르지 않다고 봅니다. 널리 알려지진 않았으나 알 만한 사람들에 의해 전해지고 이어져 내려와 현실에 살아 꿈틀거리는 그런 이야기들 말입니다. 그게 오히려 떠들썩하게 알려진 이야기보다 더 진실에 가까운 경우가 많습니다. '역사는 사실의 해석이요 전설은 사실 그 자체이다'는 말은 그런 이치에 대한 웅변입니다. 역사 실록(實錄)에서 아무리 엄청난 업적을 예찬했다 하더라도, 민중 사이로 전해오는 전설 속의 신숙주는, '숙주나물'로 비유되듯 그저 변절자일 뿐입니다. 그게 사실입니다. 모름지기, 달빛에 물든 〈9원의 추억〉속 이야기들을 향해 진심으로 응원의 박수를 보냅니다.

작가를 상수(上手)로 칭하고 싶은 내 의중에는 까닭이 하나 더 있습니다. 다름 아니라, 소일(消日, kill time)을 위해 시작한 글쓰기를 일상(日常, everyday life)으로 발전시켰다는 점입니다. 소일이 일시적이요 취미적인 것이라면, 일상은 항시적이며 직업적인 것이라고 할 수 있습니다. 주어진 시간을 메우기 위한 활동으로 어떤 일을 시작하기는 쉬우나, 그것을 갈고닦아 '매일매일의 할 일(everyday routine to do)'로 계발한다는 것은 통념으로는 도달하기 어려운 고도의 숙련과정입니다.

그는 정식으로 등단 과정을 거쳤고, 몇몇 동인지 및 문인협회지 등을 통한 꾸준한 작품활동으로 본격적인 작가의 길을 걸어왔습니다. 작가로서 그의 지향성, 문학적 집념과 천착이, 부디 그의 삶을 아름답게 만드는 추동력이 되기를 기도합니다. '검소하되 누추하지 아니하고, 화려하되 사치스럽지 않도다(儉而不陋 華而不侈)'라는 말이 함의(含意)하는, 신실하고 미려하고 고매한 삶이, 문운과 더불어 그의 앞날에 장구하기를 빌어 봅니다. 새로 선택한 생업은 물론이요, 사회적 명망으로 인해 그에게 주어지는 여러 직분과 책임이, 문학에 정려함으로 형성된 철학과 사생관으로 인하여 더욱 큰 보람과 성취로 이어지기를 앙축(仰祝)합니다.

차 례

프롤로그 | 감사의 마음으로 책을 열며… _ 3
축하의 글 | 천하도처유상수(天下到處有上手)라 할 수밖에 _ 8

1부 고향, 그리고 어머니

9원의 추억	─ 19
내 마음에 흐르는 강	─ 23
아 아! 어머니	─ 28
어머니를 통해 오신 아버지의 영혼	─ 33
토치카 공사와 어머니	─ 44
생과 사, 그 순간에 찾아오신 기적	─ 48
볍씨와 증조부	─ 54
병역이행명문가 유감	─ 58

2부 범사에 감사하는 삶

새벽 예찬	— 65
햇살 따뜻한 어느 날 아침의 단상	— 69
모루	— 74
모기와 코끼리	— 78
몫	— 82
시작과 끝	— 85
기다림	— 88
소소한 일상에 담겨있는 행복	— 92

3부 눈에 넣어도 아프지 않은 사랑

첫 손자 도윤이	— 101
손자 도윤이와 은준이 이야기	— 104
손자들과 혼자 한 약속	— 111
사랑과 행복을 나르는 전철 여행	— 115
어떤 오해	— 120
3판 2승	— 123
저빌	— 126
사랑하는 아들 학영아	— 131
사랑하는 아들 문영아	— 134

4부 고난 끝에 사는 희망

코로나19 투병기	― 141
사필시종의 인생 - 그 2막을 열다	― 153
달콤한 의암호	― 158
봄내 고을, 그 여름의 끝자락에서	― 163
아내의 고추 사랑	― 167
7번 버스	― 173
편지	― 178
두무리	― 181
사암포럼과 바둑이야기	― 192

5부 지혜의 삶을 찾아서

신호등	― 203
지혜	― 208
안다는 것	― 212
역설	― 215
향기 나는 인생	― 219
오르지 못할 나무	― 224
관심	― 227
모기	― 231
옥수수 이야기	― 234

사랑스런 며느리가 보낸 '목요일에 만나요' _ 238
고난의 파도를 함께 헤쳐 온 친구가 보낸 '교정자의 변' _ 241

에필로그 | 기적 같은 여정, 일흔의 발자취를 남기며 _ 244

1부

고향, 그리고 어머니

사진 | 김진하 작가

9월의 추억 / 내 마음에 흐르는 강 / 아 아! 어머니
어머니를 통해 오신 아버지의 영혼 / 토치카 공사와 어머니
생과 사, 그 순간에 찾아오신 기적 / 볍씨와 증조부 / 병역이행명문가 유감

9월의 추억

　산기슭에서 바스락 소리가 내려왔다. 낯선 신작로를 내달리던 소년이 힐끗 쳐다보더니 지친 줄달음에 속도가 더해진다. 해는 거의 서산에 닿기 직전이다. 인적 없는 산길에 스산한 기운까지 더한다.

　달리는 신작로는 굽이가 심해 다음 굽이가 보이질 않는다. 끝이 어딘지 모르고 그 소년은 쉼 없이 달린다. 인적조차 없어 여기가 어딘지 물어볼 사람조차 없다. 굽이를 돌았는데 또 다른 굽이가 소년을 맞는다. 가도 가도 끝이 없이 굽이가 나오자 소년은 '마치 제자리를 맴도는 느낌'에 두려움이 더한다.

　그러면서 소년의 머릿속에는 버스에 오르는 소년에게 동전을 쥐여 주며 "가다가 안내양 누나에게 '대나무골 삼거리'에서 꼭 내려 달라고 해야 한다 알았지"하는 소년의 어머니 목소리가 맴돈다.

　그리고 "무조건 삼거리가 나올 때까지 이 신작로를 따라 달려가"라는 버스 안내양 누나의 목소리와 "얘야 너 어디 가니?" 하며 깜빡 잠이 들었던 소년을 깨우던 어떤 아저씨의 목소리도 같이 맴돈다. 걱정스러운 안내양 누나의 말대로 그 소년은 숨 고를 새도 없이 계속해서 굽이를 달려 돈다. 해가 서산에 걸렸다. 점점 짙어져 가는 어둠 사이로 바스락 하는 소리가 다시 내려왔다. 흠칫 놀란 소년의 달음질은 큰 굽이 하나를 단숨에 돌게 했다.

  1966년 늦가을. 토요일 오후 읍내에서 일하는 어머니를 만나기 위해 소년은 길을 나섰다. 시골이라 버스가 다니지 않는 신작로를 따라 읍내로 향했다. 가끔 군부대 차량이 지나칠 때면 구름처럼 일어나는 먼지를 꼼짝없이 맞으며 걸어야 했다. 어쩌다 운이 좋아 마음 좋은 군인 아저씨를 만나면 그 군인 차량을 타고 쉽게 읍내에 갈 수 있다. 그날은 아마 그 운이 없었는지 20여리를 꼬박 걸어서 읍내에 도착했다. 중간에 시간을 줄여 볼 심산으로 고개를 하나 넘었는데 공동묘지가 가까이 있어 무거운 발걸음에 속도가 붙는다.

  "어떻게 왔니?" 소년의 어머니가 반갑게 맞이하며 일하느라 바쁜 중에도 이것저것 먹을 것을 챙겨 준다. 짧은 만남 끝에 "해 떨어지기 전에 집에 가려면 어서 일어나야지"하는 재촉에 소년은 아쉬운 발걸음을 돌리며 버스에 오른다.

  소년의 집에 가기 위해서는 중간에서 버스를 내려서 다시 십여 리 길을 걸어야 한다. 그 삼거리를 지날 때 소년은 어떤 마음씨 좋은 아저씨 곁에 기대 잠이 들었던 것이다. 아마 오전에 걸었던 이십여 리 길이 힘에 부쳐 지쳤을 터. 그렇게 잠들어 집 반대 방향으로 버스를 타고 간 거리가 나중에 알았지만 이십여 리나 된다. 소년은 바로 그 길을 돌아 잔뜩 겁을 안고 달리는 것이다.

곤궁했던 시절이라 너도나도 하루 세끼를 제대로 챙겨 먹기 힘들었던 때에 이십여 리 길을 걸어 허겁지겁 챙겨 먹은 점심, 그렇게 생긴 에너지가 전부인 소년의 체력도 바닥을 드러내며 달리는 속도도 현저히 줄어들었다. 신작로 아래에 큰 호수가 있는데 산허리를 잘라 만든 길이라 주변에 흐르는 물 한 줄기 없다. 목은 타들어 오고 해는 이미 서산이 삼켜 버려 짙은 어둠이 몰려온다. 그래도 소년은 흐느적거리며 달린다. 마신 물도 없는데 소년의 온몸은 땀으로 범벅이 되었다가 저녁이 되어 차가워진 공기에 마르고 식어간다.

그렇게 얼마나 달렸을까…. 어둠 사이로 낯익은 풍경이 소년의 눈에 들어와 희미하게 맺힌다. 소년의 몸과 마음을 휘감았던 공포와 두려움도 서서히 풀린다. 그래도 눈앞에 큰 굽이가 남아 있다. 지금까지 돌아온 굽이 중 제일 커 보였다. 그래도 소년은 그 굽이를 돌아 달린다.

얼마나 달렸을까. 소년의 눈에 더욱 낯익은 풍경이 친근함으로 다가온다. 많이 다녔던 길이다. 목은 마르고 힘은 없지만 그래도 소년의 달리는 속도는 처음 달릴 때 바로 그 속도가 붙었다.

어머니가 얘기하던 삼거리. 안내양 누나가 근심 어린 말로 얘기해 준 그 삼거리. 그곳에 도착해서야 소년의 달리기가 멈췄다. 어둠을 뚫고 이 집 저 집에서 불빛이 희미하게 새어 나온다. 두런두런 사람들의 목소리도 들린다. "멍멍" 개 짖는 소리도 들린다. 소년은 안심한 듯 크게 심호흡을 한다.

터덜터덜 익숙한 신작로를 따라 걷는 소년, 문득 걸음을 멈췄다. 그리고 굳게 움켜쥔 오른 손을 든다. 거의 굳어 버린 것 같은 손가락을 하나씩 살며시 펴 본다. 땀에 흠뻑 젖은 손바닥 위에 1원짜리 동전 아홉 개가 들려있다. 세월이 아무리 흘러도 그 소년은 그때 그 순간을 잊지 못한다.

당시 버스 삯이 10원이었던 시절. 아들의 귀가 길을 염려하며 서둘러 쥐여 준 동전이 10원에서 1원이 빠진 9원. 그 9원이나마 안내양 누나에게 주고 내렸어야 하는데 경황 중에 그 소년도 그 누나도 주고받지 못한 것이다.

먼 세월 지나 소년이 다시 그 길을 달린다. 지금은 말끔히 포장된 그 굽이를 두 발 대신 승용차로 달려 돈다. 핸들을 잡은 손은 어느새 땀에 흠뻑 젖었던 소년의 손보다 갑절은 더 커서 늙었다.
9원의 동전이 들렸던 그 어렸던 손끝이 아련한 추억에 가늘게 떨린다.

내 마음에 흐르는 강

추억의 강 어귀에 섰다. 연어의 본능이 발현되었는지 그 강을 거슬러 오르려는 강한 충동이 인다. 긴 여정을 앞두고 애써 진정하려는 마음에 "뭐 해 어서 출발하지 않고" 하는 누군가의 채근에 멀쩡했던 마음이 느릿했던 맥박과 함께 요동을 친다. 흘러내림은 점점 넓고 깊어지지만 거슬러 오름은 점점 좁아지고 낮아진다. 순(順)과 역(逆)의 당연한 귀결이겠지 하는 생각에 "인생도 아쉽고 또 잘못 살아온 부분이 있으면 거슬러 올라가 다시 살 수는 없는 걸까?" 부질없는 생각이 바쁜 발길을 붙잡는다.

밤새 엄청난 비가 내렸다. 아련히 "이러다간 논밭전지 다 떠내려가겠어." 근심 어린 할머니 탄식이 거센 빗소리에 휩쓸린다. 마을 전체를 집어삼킬 것 같은 큰 빗줄기가 쉼 없이 쏟아진다. 모든 것은 끝이 있다더니 언제인지 모르게 잦아진 빗줄기. 그 사이로 희미한 여명이 비친다.

안방 문을 '확' 열어젖히고 '댓돌'을 디디려는 순간 마당이 안 보인다. 마치 두부모처럼 잘려 나간 듯 마당도, 장독대도, 울타리도, 울타리 너머 텃밭도 흔적도 없이 사라졌다. 대신 물 빠진 개울과

2~3미터는 족히 넘는 낭떠러지 같은 절벽의 가장자리에 댓돌이 간신히 걸려 있다. "아서라!" 외마디 비명 소리와 함께 할머니의 급한 손길에 잡혀 일어났던 자리로 할머니와 함께 구르다시피 주저앉았다.

내가 일곱 살 되던 해 홍천군 화촌면 장평리에서 새벽에 벌어진 지금도 잊지 못하는 상황이다. 부모님과 떨어져 할머니 할아버지 슬하에서 자라던 때였다. 할아버지께서 이곳저곳을 가까스로 수습한 후 집 밖으로 나올 수 있었다. 어린 나이다보니 무섭다기보다는 수마가 할퀸 상흔이 일곱 살의 눈에는 모든 것이 신기하게만 보였다. 숲에 뒤덮였던 개울의 모습은 온데간데없었다. 넓게 움푹 파인 개울 양쪽으로 한 번도 본적이 없는 나무뿌리들이 허공에 걸려 있고 누구네 것인지 모르는 수많은 농작물과 울긋불긋 옷가지며 가구와 농기구가 떠 내려와 이곳저곳에 걸려 있는 모습이 너무도 신기했다. 그 형상에 홀려 개울 아래로 아래로 동네 친구들과 같이 마치 모험이나 하듯 걷고 또 걸었다. 이 물길이 오늘날의 군업천이다.

우리 삶에 늘 동반하는 것 중의 하나가 만약이라는 단어다. 만약에 할아버지가 집을 새로 지을 때 반 발자국 정도만 개울 쪽으로 내어 지었다면 나와 할머니 할아버지는 어떻게 되었을까?

대가족이 살던 구옥에서 부모님이 형과 누나 여동생을 데리고 6·25전쟁 때 참전용사로서 수많은 전투를 치르셨던 그때 누군가와 맺은 인연으로 셋째인 나만 할아버지 할머니 품에 남겨 두고 양구로 이사를 갔다. 그 후 할아버지는 외아들이셨던 아버지 빈자리가 허전하셨는지 대를 이어 살던 집을 비워 두고 그리 멀지 않은 맑은 계곡 앞 너른 밭 중간쯤에 새로 기와집을 지으셨고 그곳에서 나와 할머니 이렇게 세 식구가 살았다.

할아버지는 160이 안 되시는 작은 체구셨다. 그래도 6·25전쟁 때 군수물자를 날랐던 보국대, 이른바 지게부대원이셨다. 1903년생이시니 47-49세 때 참전하신 셈이다. 자세한 활약상은 알 수 없으나 지난 2023년 7월 5일 칠곡의 '다부동전투기념관'에 세운 위령비에는 "만약 지게부대가 없었다면 최소한 10만 명의 미군을 추가로 파병했어야 했다."는 미8군사령관 제임스 밴플리트 장군의 어록만 접해도 그 당시 활약상은 미루어 짐작이 간다.

나는 살아오면서 지금까지 우리에겐 절대 없어서는 안 되는 생명수 그 물로 인해 네 번의 생사 고비를 넘겼었다. 그 중에 한 번은 벼랑에서 추락하는 사람에 밀려 바닥이 안 보이는 깊고 거센 소용돌이 급류에 휘말렸던 지금도 아찔한 순간이 있었다. 그때 물에 빠진 나에게, 어디선가 "물속으로 더 깊이 들어가, 그래야 살 수 있어." 하는 절규와도 같은 목소리가 들려왔다. 그러잖아도 폐와 심장이 터질 것 같은 상황, 무엇보다 공포와 두려움 속에서 그것을 뿌리치고 깊이 잠수해서 얕은 곳으로 헤엄쳐 천신만고 끝에 살아난 몸서리치는 기억이 있다. 누가 나를 구해 준 걸까? 내가 헤엄을 잘 쳐서 살았나? 아니다. 내가 아무리 수영을 잘 해도 그 상황에서는 올림픽 금메달리스트도 도저히 살아나올 수 없는 절체절명의 위기였다. 한 가지 분명한 것은 부모님이 목숨 다해 우리를 지켜 주시듯 누군가 우리를 지켜 주는 절대자의 권능이 아니면 살아날 수 없었음을 나는 지금도 굳게 믿고 있다.

넓을 홍(洪) 내 천(川)으로 너브내라 부르는 홍천강은 내촌천, 장남천, 군업천, 덕치천, 수성천, 어룡천, 성전천, 굴지천 등의 여러 지류를 거느리고 있으며 '내린천 휴게소' 때문에 더 알려진 내린천의 발원지도 홍천군 소계방산이다.

화촌면에서 발원하는 홍천강의 지류는 풍천, 군업천, 야시대천, 주음치천, 당무천 등이 있으며, 모두 홍천강으로 흘러든다. 홍천강을 이곳 화촌면 사람들은 화양강이라고 부른다.

군업천을 따라 외삼포, 내삼포, 군업, 조하대, 군둘, 장평, 솔치, 당무, 도광터 마을이 있는데 이 중 장평이 내가 태어나 일곱 살 때까지 살던 곳이고 수해가 크게 났던 그해 부모님이 계신 양구로 할머니 할아버지와 함께 이사를 가게 되었다.

나는 지금 세 물줄기가 한 곳에 모인다고 해서 삼포라는 이름이 붙은 삼포 강변에 서 있다. 바로 이곳에서 실제로 군업천과 노내골 계곡물이 만나 홍천강에 합류한다. 내 어린 시절 이곳까지는 못 내려왔지만 나는 지금 이 강줄기 저 끝 발원지를 향해 거슬러 올라가고 있는 것이다. 비록 연어처럼 물길을 역류하여 오르지는 못하지만 연어의 다 헤진 비늘 같은 손으로 운전대를 잡고 솔치재를 향해 느리고 느린 속도로 강을 거슬러 올라간다.

저 강이 시작되는 지점 어딘가에 그 옛날 어머니 아버지 형제들 얼굴도 모른 채 할머니 할아버지가 전부였던 내 어린 시절. 깨질세라 넘어져 다칠세라 노심초사 자애로운 손길로 보살펴 주시던 바로 그 할머니 할아버지를 뵈러 오르고 또 오르고 있는 것이다.

문득 앞서 독백처럼 되뇌이던 미련이 다시 신기루처럼 눈앞에 아른거린다. "인생도 아쉽고 또 잘못 살아온 부분이 있으면 거슬러 올라가 다시 살 수는 없는 걸까?" 부질없다는 말의 반대말이 없는 것처럼 부질없으면 그저 없는 것으로 순종하기에는 너무도 아쉽고 그리운 지난날의 순간들이다.

그 아련한 그리움이 자신도 모르는 사이 독백을 한다.
"불효 손자 이 못난 녀석의 마음속에 영원히 마르지 않는 강이 흐릅니다. 그토록 저를 사랑하시고 보살펴 주셨던 할머니 할아버지의 사랑의 강, 바로 그 강이 흐르고 있습니다."

아 아! 어머니

 글을 쓴다는 것은 쉬운 일이 아니다. 그나마 자서전을 쓴다는 것은 내 이야기를 쓴다는 점에서 상대적으로 용이할 수는 있겠지만, 나 아닌 다른 사람에 대한 글을 쓴다는 것은 어쩌면 불가능에 가까울 수 있을 것이다. 자기중심적인 사람들의 본성과 극단적인 이기심이 만연한 세태를 생각하면 더더욱 그럴 것이다.

 그럼에도 불구하고 나는 이 글을 쓰기로 했다. 일생을 오직 부모와 자식 위해 헌신하고 희생해 오신 어머니에 대한 글은 수천수만 쪽에 담아도 부족할 것이다. 세상 누구도 흉내조차 낼 수 없는 어머니의 자식 사랑의 한 조각마저 제대로 표현해 낼 수 없을 것이다. 그렇다고 글쓰기를 저어한다면 아마 평생 어머니에 대한 글을 쓸 수 없을 것이다. 그래서 오늘 얼개에 불과한 초고를 쓰고, 내일 보완하고, 평생 찾고, 고치고, 더해서, 그 만분의 일이나마 기록하면서 훗날 필연으로 다가올 돌이킬 수 없는 후회를 덜고, 한 번이라도 더 안부를 드리고 하루라도 더 찾아뵙겠다는 다짐을 담아 놓고자 한다.

 어머니는 1930년에 태어나셨다. 1928년에 발효된 잔혹한 일제의 악법 치안유지법이란 명분하에 조선인에 대한 탄압이 가중되었던 시기이자, 만주사변에 이은 중일전쟁 끝에 간악한 일제가 조선을 대륙침략을 위한 병참기지로 삼으려고 온갖 수탈과 짐승과 다름없는 끔찍한 폭압과 만행이 가중되었던 시기였다. 한 해 농사를 지으면 콩 한 알 쌀 한 톨 남김없이 수탈해 갔던 왜놈들은 걸어 다닐 힘조차 없는 백성들이 모진 생명 줄 희미하게나마 이어가야 한다는 일념으로 추수한 곡식 일부를 항아리에 담아 뒷산 깊은 계곡 땅속 깊이 묻어 놓은 것마저 온갖 고문과 폭행 끝에 찾아내 빼앗아 갔다니 당시 우리 선조들이 겪었던 극한의 고통과 굶주림은 표현한다는 자체가 불효요 불충이 아닐 수 없다.

그렇게 질긴 목숨 이어가던 1942년. 일제의 조선에 대한 강압적 식민정책이 극악으로 치닫고 있었다. 단발령에 창씨개명, 조선말 금지, 징용 징병을 위한 동원령을 내리고, 쌀과 면화, 황소 공출령에 놋수저마저 빼앗아 가고 '정신대'란 미명하에 '처녀 공출'까지 서슴없이 자행했다. 그야말로 풀뿌리로 연명하던 시기. 어머니가 열세 살 되던 해. 처녀들을 공출해 가기 위해 왜놈 헌병들이 어머니가 사시던 마을에도 밤낮을 가리지 않고 드나들며 닥치는 대로 처녀들을 붙잡아 갔다.

어머니도 예외는 아니었다. 처녀 공출은 세상 무엇보다 두려운 공포요 치욕이었다. 왜놈 헌병 놈들이 처녀를 공출하러 온다는 소식을 듣게 되면 마을 처녀들은 극악한 공출의 손아귀에서 벗어나기 위해 스스로의 몸에 악취가 진동하는 오물을 뒤집어쓰고 숨어 있다가 그 놈들이 돌아가도 언제 또 들이닥칠지 몰라 그 몸으로 수없는 밤을 지새우기 일쑤였다고 한다. 그렇게 어머니는 열세 살

한해를 공포 속에 죽지 못해 사는 목숨을 이어 가셨다고 한다.

그러던 중 그때 만해도 결혼한 유부녀는 공출 대상이 아니라는 말을 듣고, 그 이듬해 열 네 살 되던 해 부랴부랴 혼례를 하게 되었는데, 세 살 위였던 아버지는 작은 체구에 나이마저 어린 어머니를 거들떠보지도 않았다는 얘기를 하시며 쓴웃음을 지으셨다. 일제가 히로시마와 나가사키에 원폭을 맞고 패망하기 직전에는 처녀고 유부녀고 가리지 않고 공출 만행을 저질렀다는 어머니 말씀에 역사 속에 깊이 새겨져 있는 천인공노할 일제의 만행은 지금이라도 무릎 꿇고 진정으로 참회하며 용서를 구하지 않는 한, 그 엄중한 죗값을 대를 이어 치를 것이라시며 분노에 치를 떠는 어머니를 보니 그 끔찍했던 고통의 전율이 내 몸에도 고스란히 전해지며 피가 거꾸로 솟는 분노가 함께 솟구친다.

이 땅에 6·25한국 자유 수호 전쟁의 후유증을 앓고 있는 사람이 얼마나 많은가! 우리 부모 세대와 형제자매들 중에도 그 잔혹한 전쟁의 고통을 두려움으로 말하는 사람이 한 둘이 아니다. 그 전쟁 중에 일제 때처럼 농사지은 벼를 항아리에 담아 땅속에 묻어 두었다가 들켜 북괴군의 총칼에 찢기신 시할아버지를 부여잡고 울며 통곡하던 어머니의 반복된 고통에 이 땅에 어느 누가 따뜻한 위로의 말을 건넬 수 있으리!

올해 89세이신 어머니. 보기 흉할 정도로 마디마디 굽어져 있는 손가락 하나하나엔 지난날의 살을 에는 삶의 고통의 기억이 고스란히 들어 있다. 그 열 손가락으로 서른다섯 되던 해에 남편과 하나뿐인 시누이를 땅에 묻었다. 시부모 봉양과 다섯 자식 걱정에 눈물조차 제대로 흘리지 못했던 어머니.

세월은 내 어린 시절 일곱 살 때까지 나를 키워 주시고 용기와 담대함을 길러 주신 할아버지와 할머니를 하늘나라로 모시고 갔다. 어머니에게 가난했지만 늘 용기와 격려를 아끼지 않으셨던 분들이라 어머니의 슬픔은 깊고 오래 갔다.

그사이 어머니 손의 지문은 완전히 지워졌다. 남편이 경영하던 사업체의 고용원들의 배신. 이어진 파산의 고통과 그 후유증은 어머니를 군부대 토치카 공사에까지 나서게 했다. 20kg이 넘는 시멘트 질통을 지고, 맨몸으로도 오르기 힘든 가파른 산등성. 풀 한 포기에 생명을 의지하며 높이를 알 수 없는 까마득한 고지를 오르내리게 했다. 밤새 심하게 앓는 어머니 등은 피멍으로 물들었지만 약이 없어 발라 드릴 수조차 없었다.

몇 해 전 어머니는 큰 아들을 잃었다. 어머니가 세상의 빛을 보게 해 주신 5남매 중 1946년생 맏이였다. 해방 직후 약해질 대로 약해진 열일곱 살 어린 나이에 본 자식이라 그런지 맏이의 건강은 평생 좋지 않았다. 그 탓에 50대에 큰 병을 얻어 결혼도 못하고 유명을 달리한 아들. 어머니의 슬픔은 어떤 말로도 표현할 수 없었고 위로가 될 수 없었다. 마치 어머니의 시어머니가 외아들을 잃고 겨우내 맨발로 눈밭에 들어가 강 건너 산기슭에 잠들어 있는 산소를 넋을 놓고 바라보던 슬픔 그대로 한없이 슬퍼하셨다.

잔혹하고 간악한 일제의 결코 씻을 수 없는 만행은 이 땅에 사는 착하디착한 많은 사람들에게 이처럼 작은 일이라 살피기조차 힘든 많은 고통을 주고 있으며 아직도 그 슬픔은 현재 진행형이다.

온몸이 산산이 부서지다시피 한 어머니는 큰 수술을 여러 번 받으셨다. 직장암으로 5년여의 길고 힘든 투병 생활에 이어, 두 다리 관절 연골이 모두 녹아내려 인공관절 수술까지 받으신 적도 있는데, 그때 수술할 때 있었던 사고 순간을 지금도 잊지 못하고 있다. 의료용 톱으로 오른쪽 다리를 절단하는 순간 마취가 풀려 버린 것이다. 살도 아닌 뼈를 톱으로 자르다 마취가 풀린 어머니는 엄청난 고통에 혼절을 거듭한 끝에 이를 악물고 참아 낸 어머니의 초인적인 정신력 덕분에 수술은 잘 끝났지만 끔찍한 통증의 여진은 아직도 고통의 기억 속을 떠나지 않고 있다.

그후에도 어머니는 눈 수술을 비롯해서 오래전 군부대 토치카 공사 시 시멘트 질통을 지었던 그 오른 어깨에 가득 찼던 염증 제거 수술 등 수많은 수술을 이겨낸 어머니. 엊그제 피가 새어 나가 몸에 필요한 피가 부족하다는 진단을 받고 이틀에 걸쳐 수혈 치료를 받고 집으로 가신 어머니. 이제, 아니 오래 전 어머니가 서른다섯 꽃다운 나이에 남편을 사별한 그 순간부터 어머니에게 남아 있는 고통은 고독이요 외로움이다. 그 외로움을 달래는 유일한 길은 어머니가 자식들과 함께 사시는 일일 텐데 어머니는 한사코 아파트 살기를 거부하시며 작은 시골집에 살고 계신다.

어쩌면 그 고독과 외로움조차도 자식을 위한 필사적인 견딤일 수도 있는데, 그 자식인 나는 하루 한 번 전화는 고사하고, 한 달에 한두 번 찾아뵙는 일조차 제대로 하지 못하고 있다. 내년이면 90이 되시는 어머니. 지난날 그리고 지금 이 순간도 자식 걱정에 잠 못 이루시는 어머니. 그분께 남아 있는 유일한 낙. 한 번 더 드리는 안부 전화, 한 번이라도 더 찾아뵙겠다는 다짐을 이 못난 불효자식은 얼마나 지킬 수 있을까!

어머니를 통해 오신 아버지의 영혼

'돌아가신 분의 목소리를 들었다.'고 말하면 과연 몇 사람의 수긍을 얻을 수 있을까? 그것도 살아 있는 사람의 목소리를 통해 들었다고 하면 아마 수긍은커녕 미친 사람 취급받기 십상일 것이다.

내 기억 속에는 돌아가신 아버지 목소리가 살아 계신 어머니 목소리를 통해 오셨던 일이 생생하게 남아 있다. 세상에는 우리가 눈에 보이는 것에 더해 눈에 보이지 않는 '영혼'이라는 것이 존재할뿐더러 그 영혼의 세계도 존재하고 있다는 사실을 나는 중학교 때 체득을 했다.

초등학교 입학 시기에 하필이면 아버지를 도왔던 직공(職工)들의 배신으로 인한 사업 실패와 이어진 잦은 이사 탓에 남들과 달리 나는 초등학교를 세 번이나 입학하는 비운(悲運)을 겪었다. 그렇게 세 번째 입학한 학교가 양구 한전(閑田)초등학교였고, 그때 나이가 아홉 살이었다. 동급생들보다 나이도 한두 살 더 많은데다 덩치도 커 보였고, 어린 나이에 산전수전(?) 다 겪은 터라 학교 성적도 괜찮은 편이었다. 매달 시험을 보면 좋은 점수를 받았고, 그 때마다 상장도 받았다. 그럴 때면 학교가 끝나기 무섭게 한달음에 집으로 달려가 병석의 아버지께 그 상장을 보여 드렸다.

늘 병색이 완연한 모습이었지만 그 순간만큼은 만면에 행복한 웃음이 가득한 모습으로 그야말로 침이 마르게 칭찬을 아끼지 않았다. 그러면서 그럴 때마다 늘 하는 말이 텃밭 싱싱한 무와 배추를 가리키며, "내게 다시 새로운 삶의 기회가 주어진다면, 지금까지처럼 바보같이 살지 않을 텐데." 하는 독백을 들릴 듯 말 듯 반복하시곤 했다.

아버지는 1964년 9월 세상을 떠나셨다. 1926년 12월 이 세상에 오셨으니 서른여덟의 한창 나이에 그토록 간절했던 새로운 삶의 기회를 얻지 못하고 가족들과 슬픈 이별을 했다.

상여가 나가던 날 나는 베로 만든 상복을 입고 그 뒤를 따랐다. 그리고 상여를 멘 어른들이 곡을 하라시면 곡을 하고, 절을 하라시면 절을 했다. 그런데 상여가 산골짜기 가파른 다랑 논에 가로막히자 잠깐 멈춰서더니 상주인 나를 보고 철봉에 매달리듯 상여 뒤편을 꼭 잡으라고 하시는 게 아닌가. 어른들의 말씀대로 있는 힘을 다해 손잡이를 움켜쥐자 상여 뒤편이 마치 놀이기구 치솟듯 하늘로 솟구치더니 정말 눈 깜빡할 사이에 윗 다랑논으로 상여가 올라섰던 기억이 마치 파노라마처럼 펼쳐진다.

한 집안의 가장이 한창 나이에 떠난 후 어머니를 비롯한 남은 가족들의 삶의 고통은 이루 헤아릴 수 없이 커져만 갔고, 무정한 세월도 또 함께 흘렀다.

어렵게 초등학교를 졸업한 내 나이도 어느덧 열다섯이 되었다.

그 무렵 대구가 고향이신 한 이웃이 나를 "대구에 있는 백화점에 취직할 수 있도록 다 조치해 뒀으니 그리하라"는 말씀을 주셨다. 당장 생활 형편이 어려웠던 터라 백화점에 취직을 하게 되면 가족 생계까지는 몰라도 입 하나는 덜 수 있다는 생각에 며칠을 망설이다 답을 찾을 수 없어 6학년 때 담임을 맡아 주셨던 선생님을 찾아뵙고 말씀을 드렸더니, 펄쩍 뛰시면서 "백화점은 무슨"하시더니 중학교 입학시험을 보라고 말씀하셨다. 말씀 끝에 입학금 걱정을 하자 "전교 3등 안에 들면 입학금 전액이 면제되고 장학금까지 나온다."시며 지금 당장 집에 돌아가 입학시험 준비를 하라는 불호령을 내리셨다.

　다행히 담임선생님의 따뜻하신 배려와 지도 덕분에 좋은 성적으로 중학교에 입학할 수 있었고, 또 다른 축복 중의 하나가 학교의 독특한 장학제도였는데, 그것은 다름 아닌 매달 학습평가를 통해 90점이 넘는 학생들에게 월납금을 면제해 주는 것이어서 그 덕분에 나는 열심히 공부할 수 있었고, 월납금 걱정도 덜 수 있었다. 담임 선생님의 불호령에 사랑의 보살핌이 없었다면 "난 지금 어떤 모습이 되어 있을까?"를 나는 지금도 가끔 되뇌곤 한다. 난 험난한 세파를 헤쳐 오면서 한 번도 그때 담임 선생님의 은혜를 잊은 적이 없다.
　내가 중학교 2학년이 되던 해에 우리 집에 다시 큰 위기가 닥쳐왔다. 돌아가신 아버지의 혼령이 어머니를 통해 나타난 믿지 못할 사건이 벌어졌던 것이다.

　우리 동네에 두 형제가 살고 있었다. 그중 동생 되는 분은 우리 집과 같은 담을 쓰는 가까운 이웃에 살았다. 태어날 때부터 들을 수 없어 말을 할 수 없는 장애를 지니고 있었는데 마음이 비단결 같이 고운 분이어서 온 동네 아이들이 "삼촌"이라며 따르고 좋아 했다. 특히 담을 같이 쓰는 우리 집에 무슨 일이라도 생기면 어떻게 알았는지 제일 먼저 나타나 해결해 주시는 든든한 삼촌이었다. 그중 형 되는 분은 윗마을에 사셨는데 용모가 영화배우 뺨칠 정도로 출중해서 우리 동네에 올라치면 "야, 영화배우 나타났다", "큰삼촌 오셨다."며 그 뒤를 졸졸 따라다닐 정도였다. 게다가 도시를 오가며 보고 들은 새로운 이야기보따리를 풀어놓아 동네에 수많은 '팬'을 확보하고 있었다.

마치 조선 인조 임금 때 소현세자가 청나라 인질로 9년간 선양(瀋陽)에 머무르다 베이징(北京)에 가서 독일인 신부 아담 샬에게 배운 서양 사상과 문물을 조선에 돌아와 펼쳐 놓듯 다양한 이야기를 풀어놓아 동네 사람들의 혼을 쏙 빼놓기 일쑤였다.

바로 그 동네에서 가장 인기가 높았던 삼촌이 한동안 자취를 감춘 끝에 자칭 '대잡이'(무당이 신탁을 받을 때 대를 잡는 사람)가 되어 나타났던 것이다. 당연히 그 소문은 온 동네에 퍼지기 시작했고 그분의 인기만큼이나 높은 관심을 보이기 시작했다.

어느 날 저녁, 예의 그 큰삼촌이 앞집 동생 댁에 왔다가 우리 집에 들렀다. 소문을 들은 동네 사람들도 한두 사람씩 모이기 시작하더니 좁은 마당과 봉당에 가득 찰 정도가 되었다. '입에서 무슨 얘기가 시작될까?' 눈과 귀가 모이자 예의 '대잡이' 얘기가 시작되었다. 자신이 그동안 도를 닦고 와서 주문을 외우면 어떤 혼령이든 나타난다는 얘기였다. 그러면서 안주머니에서 무언가 꺼내더니

"이게 바로 대다"라며 흔들어 보였다. 가만히 살펴보니 20cm 정도 되는 둥근 막대기 끝에 광목천을 머리채처럼 풀어 묶은 물건이었다. "내가 주문을 외우면 대가 혼자서도 껑충껑충 뛰게 할 수 있다."고 하자 먼발치서 가만히 듣고 있던 어머니가 "에이, 거짓말" 하시는 게 아닌가.

 의당 동네 분들이 수군대기 시작했고, '설마'하는 믿지 못하는 분위기로 급반전하기 시작했다. 그도 그럴 것이 그 삼촌이 동네를 떠나 있던 시간이 그리 길지 않은데다 그사이 '도를 닦으면 얼마나' 하는 생각으로 술렁임이 멈추지 않았다. 그 순간 삼촌이 "그럼 형수님이 실험 한번 해 보실래요."하는 제안이 터져 나왔다. 잠시 멈칫하며 망설이던 어머니가 "그래 어디 해 봅시다." 하시는 게 아닌가.

 시간은 어느덧 흘러 저녁 8시를 넘어서고 있었고, 방 한편에 '대잡이'를 위한 상이 마련되었다. 마당을 서성이고 봉당(封堂)에 앉아 있던 마을 사람들도 자연스럽게 방 안으로 들어와 잔뜩 호기심 어린 눈초리로 그 상황을 예의 주시하고 있었다. "자, 형수님 이리 오세요."하는 삼촌의 말에 따라 어머니가 상 곁으로 다가가 앉았다. 이어진 삼촌의 말에 따라 오른손에 예의 그 '대'를 조금은 꺼림직해 하는 마음으로 잡아 들자 알 수 없는 주문을 외우기 시작했다. 사람들의 눈과 귀가 온통 상 위 어머니가 잡고 있는 '대'에 쏠리기 시작했다. 10분이 지났는데 미동도 하지 않자 사람들이 다시 술렁이기 시작했다. 그러자 삼촌이 오른손을 입에다 대고 "쉿"하는 소리를 내자 다시 조용해졌고, '대'에 눈길이 다시 쏠렸다. 그렇게 시간은 자꾸만 흘러갔다. 그 삼촌의 이마에는 땀이 송골송골 맺혔고, 안절부절못하면서도 알 수 없는 주문은 계속되었고 시간은 어느새 밤 열시를 넘기고 있었다.

"봐 내가 뭐라 그랬어? 거짓말이라고 했지" 어머니가 단정적인 말이 좌중의 침묵을 깨웠다. 그러자 "이상하다"를 반복하더니 조금만 더 해 보자는 간청에 "엄마 이제 그만해요"라는 아들의 권유를 뿌리치고 실험은 계속되었다. 이웃 사람들도 한두 명씩 자리를 뜨기 시작했다. 그래도 늦은 시간 잠자는 일 밖에 딱히 할 일이 없었던 이웃들은 꽤 여러 명이 자리를 지키고 그 장면을 지켜보았다. 또 한 시간이 지났어도, 여전히 미동조차 하지 않았다. 거의 사색이 다 되어가는 와중에도 그 삼촌의 주문은 계속되었다. 삼십 분이 더 지나고 거의 자정이 다 되어 갔다.

마음씨 좋은 말 못하는 동생에 비해 평상시 일손도 제대로 잡지 않고 떠다니길 좋아하는 성품 탓에 '동네 한량(閑良)'이라는 비난도 없지 않던 터라 방안에 있던 이웃들의 '대'에 대한 집중도는 크게 떨어져 삼삼오오 잡담을 나누기도 하고, 밤도 깊었다. 이제 그만 일어서자는 말이 튀어나오자 방안이 조금 소란스러워졌다.
이윽고 자정을 알리는 시계 종소리가 '땡땡땡' 하고 울렸다. 그 순간 "어!"하는 어머니의 외마디 소리에 이웃 사람들의 눈이 어머니가 잡고 있는 '대'로 쏠렸다. 다시 "어! 어! 어!"하는 비명 섞인 소리를 타고 어머니의 '대'를 쥐고 있는 손이 아래위로 흔들리기 시작했다. 무의식중에 내뱉은 마을 사람들의 비명 소리에 화답이나 하듯 어머니의 '대'잡은 손은 더욱 크게 흔들리기 시작했다.

급작스런 상황 변화에 내게도 '오싹'하는 공포가 밀려왔고, 그야말로 머리카락이 하늘로 솟아오르는 듯하는 전율과 두려움에 어찌할 바를 모르다가 벌떡 일어나서 어머니가 잡고 있던 '대'를 확 뺏어서 문밖 마당에 내동댕이쳤다. 마을 사람들의 눈길이 약속이나 한 듯 마당에 떨어진 '대'를 바라보았다. 그도 그럴 것이 그 삼촌이 주문을 외우면 '대'도 뛴다는 믿기 어려운 말이 아직 귓가에 쟁쟁하기 때문이었다. 기대(?)와는 달리 그 '대'는 미동도 하지 않고 누워 있었다. 누군가가 '대'에 조심스럽게 다가가서 '툭'하고 건드려 보았지만 역시 움직이지 않았다.

반면에 '대'를 뺀 어머니의 손은 멈추지 않고 더욱 격렬하게 상과 방바닥을 번갈아 내리치고 있었고, 삼촌의 간절한 주문에도 멈춰지지 않았다. 나도 방안에 있던 이웃들도 그 모습을 바라보며 공포감에 입을 닫지 못하고 안절부절못했고, '대잡이' 손을 멈추게 하려는 삼촌의 주문 목소리도 더욱 격렬하고 간절해졌지만 어머니의 손은 멈추지 않았다. 심지어 이웃 분들이 어머니 손을 잡았지만 알 수 없는 엄청난 힘에 밀려 잡는 사람마다 뒤로 자빠져 버렸다. 자정이 넘은 이슥한 밤 믿을 수 없는 기이한 광경에 이웃 주민들도 집에 가지 못하고 대가 풀리기만을 주문처럼 외워대기 시작했다. 속수무책이었다. 삼촌의 주문이 통해서 '대잡이 손'이 풀리게 하는 일밖에 남아 있지 않았다.

그 순간 방안에 있던 사람들이 또 한 번 소스라치게 놀랄 일이 터져 서로 귀를 의심했다. 그것은 어머니 목소리가 갑자기 남자 목소리로 변했기 때문이었다. 더군다나 그 목소리가 돌아가신 내

아버지 목소리여서 더욱 놀랐고, 확실하게 변한 아버지 목소리로 느닷없이 "윗마을에 김 아무개 오라고 해."하며 아버지 생전에 가깝게 지내셨던 친구를 불러오라고 호통을 치는 게 아닌가! 다들 자정이 넘은 시간에 무서운 장면을 연달아 겪고 있던 분들이라 그 소리에 아무도 움직이지 않더니 모두 내게 눈이 쏠렸다. "그래도 네가 아들이니까 어서 가서 아버지 친구 모시고 와."하는 말에 나는 자리에서 벌떡 일어나 어렵사리 손전등을 찾아 들고 칠흑같이 어두운 길을 따라 윗마을로 달렸다. 방을 나서면서 힐끗 어머니를 쳐다보았는데 마치 실성한 모습에 아버지 목소리로 알 수 없는 호통을 치며 방바닥을 쉴 새 없이 내려치고 있었다.

  가까스로 윗마을 아버지 친구댁에 찾아가 사립문을 흔들며 다짜고짜 "아저씨 우리 어머니 좀 살려 주세요."를 반복하자 깊은 잠에 드셨던 아저씨가 황망한 모습으로 나오셨다. 자초지종을 말씀드리고 그 아저씨와 함께 서둘러 집에 도착하니 떠날 때 어머니 모습 그대로였다.

  아저씨가 방에 들어서자 또 한 번 기괴한 일이 벌어졌다. 방에 들어서는 아저씨를 바라보던 어머니가 역시 아버지 목소리로 "어허 자네 왔는가!"하시는 게 아닌가! 이웃 분들이 "어서 절을 해."하는 이구동성에 그 아저씨는 황급히 어머니를 향해 큰절을 올리니 "이 사람 절은 무슨 반갑네. 반가워."를 반복하더니, 이번엔 아랫마을 친구 아무개를 데려오라고 호통을 치는 게 아닌가!

  어머니 손이 터져서 피가 보이기 시작했다. 삼촌의 주문은 허사였고, 어머니 곁에서 주문을 푸느라 어머니 주먹에 온몸을 얻어맞고 있었다. 새벽 한 시가 넘고 또 두 시가 넘었는데 주문은 풀리지 않고 온 동네 아버지 친구란 친구는 영문도 모른 채 다 불려와서 큰절을 하며 그 기괴한 장면을 공포의 눈빛으로 바라봤다. 방바닥에 선혈이 낭자했다. 어머니의 눈빛은 초점이 없었고, 알 수 없는 호통은 계속 됐다. 다행인 것은 더 이상 아버지 친구를 불러오라는 말이 없었다. 하지만 여전히 주문은 풀리지 않았다. 어머니와 삼촌은 거의 사경을 헤매는 지경에 이르렀다.

  그 순간 새벽 네 시를 알리는 종소리가 울리자 기적 같은 일이 벌어졌다. 어머니 주문이 거짓말처럼 풀린 것이다. 그러나 주문이 풀리자마자 어머니는 실신하고 말았다. 온몸은 피투성이가 되었고, 구석구석 멍들어 성한 데라곤 찾아볼 수 없었다. 밤을 새워 주문을 풀려고 애썼던 그 삼촌도 마찬가지 신세였다.

  그 후 어머니는 3개월이란 긴 시간 사경을 헤매며 삶과 죽음을 넘나들었다. 몸에 좋다는 민간요법은 다 써 보았지만 효험이 없었다. 이 소식을 들은 이웃 한 분의 권유로 깊은 산에서 따 온 이름 모를 나뭇잎을 가마솥에 쪄서 찜질을 해 드렸다. 비록 여러 겹에 쌓은 찜질이지만 그 뜨거운 열기에 심히 고통스러워 하셨다. 하지만 그게 마지막 살길이라는 말에 이를 악물고 견디셨다. 간간이 "아버지가 날 오래."하는 헛소리를 하며 시름시름 3개월간의 사투 끝에 병석에서 간신히 벗어날 수 있었다.

  그 사건 후 40년이 흐른 뒤 어머니는 다니시던 절을 그만두고 교회에 나가신다. 그리고 누구보다 열심히 신앙생활을 하고 계신다.

그러던 중 지난 2012년에 아버지 산소 개장 문제가 우리 가족의 중대사로 대두되었다. 문중 어른들께 고하니 "자네가 장손이니 그리하라."는 허락을 받았다.

그리고 시행시기와 방법을 논의하기에 이르렀고, 마침 2012년에 '귀신도 활동을 멈춘다.'는 윤달이 끼어 있어 그때 아버지와 할아버지 고모 등 세 분의 묘소를 개장해서 화장하기로 의견을 모았다.

개장하던 날, 교회 목사님을 산소로 모시고 가서 개장에 따른 가족 예배를 드린 후 개장을 시작했다. 먼저 할아버지 묘소를 개장했는데 아무런 탈 없이 순조롭게 진행되었다. 다음 아버지 묘소 차례가 되었고, 역시 순조롭게 개장 작업이 진행되고 있었는데 순간 마무리 수습 작업을 하던 친구가 "어!"하며 상주인 나를 찾았다. 그러면서 "아버지 얼굴이 마을 쪽을 바라보고 계시네!"하면서 "얼마나 가족이 그리우셨으면 반듯하게 모신 얼굴이 사시던 집 쪽을 향하고 계실까!"라는 혼잣말이나 다름없는 소리에 그 옛날 어머니의 '대잡이' 사건이 뇌리를 스치면서 "아!"하는 탄식이 나도 모르게 터져 나왔다.

우리는 지금 과학 문명이 절정을 이루는 세상을 살아가고 있다. 엊그제 신문을 보니 오는 2020년에는 우리나라에서 세계 최초로 5세대 G이동통신 서비스가 상용화된다고 한다. 이러한 5G시대는 나를 중심으로 하며, 나를 이해하고 내 마음을 알아주는 친구, 그리고 나를 도와주는 아바타나 로봇과 함께 세상과 실시간으로 연결되는 세상이라고 한다. 한마디로 상상을 초월하는 초과학 문명 시대를 살아가고 있다.

그런데 수많은 사람들이 지켜본 가운데 어머니를 통해 오셨던 아버지의 영혼의 목소리와 함께 이어졌던 그 기이한 현상들을 무엇으로 설명할 수 있을까? 나는 아직도 '사후 세계의 의미'를 제대로 깨닫지 못하고 있다. 누구나 알 수 있을 것 같은 '우주의 끝'도 어딘지 모르고 있다.

아무리 과학이 발달해도 다다를 수 없는 곳. 나는 그곳이 바로 영(靈)의 세계라고 믿고 있고, 우리가 살고 있는 세상과 靈의 세계와는 끊임없는 소통이 이루어지고 있다는 생각도 가지고 있다. 그리고 언젠가는 그 사후 세계와 우주의 끝의 의미를 이해할 날이 오리라 믿는다.

새로운 삶을 그토록 간절히 간구하시다 돌아가신 아버지, 부디 하나님 나라에서 하나님을 섬기며 축복의 영생 누리시고, 올해 여든일곱 되신 어머니, 더욱 건강하신 모습의 한결같은 '믿음으로' 아름다운 신앙생활 영위하소서!

토치카 공사와 어머니

키가 150도 안 되는 그녀의 등에 그녀보다 더 커 보이는 질통이 매달려 있다. 그 질통은 마치 그녀가 가파른 산을 오르며 굴러떨어지지 않으려고 간신히 잡은 그루터기처럼 그녀의 어깨를 휘감고 매달려 있다. 언뜻 들여다보이는 그 질통 속엔 모래와 물로 갓 이긴 시멘트 덩어리가 가득 차 있다. 족히 20킬로그램은 넘어 보인다.

돌부리에 의지했던 오른발을 고르지 않은 한 칸 위 돌부리로 옮기면서 마비되다시피 한 오른손을 떼어 머리 위 잡목의 발목을 움켜쥔다. 그렇게 그녀는 산꼭대기를 향해 생명 건 몸부림을 수없이 반복한다.

그 반복의 틈을 타고 그녀의 자식들이 어른거린다. 잔학한 일제의 만행. 정신대에 끌려가지 않기 위해 열네 살에 시집을 온 그녀. 1930년대 대공황의 시기 한 끼를 챙겨 먹는 것도 사치인 시절. 일제 말기 유부녀까지도 강제로 정신대로 끌고 갔던 마치 악귀 같은 일제의 손길을 피해 삼백예순다섯 날 오물을 뒤집어쓰고 있던 시절 낳은 첫아이는 온전한 아기가 아니었다. 그렇게 그녀는 1946년부터 1961년까지 다섯 아이를 낳았다.

그녀의 남편은 6·25참전 용사다. 인천상륙작전 이후 10월 19일 평양 탈환 작전에서 북한군들을 물리치고 평양시에 가장 먼저 입성한 보병 제1사단 '전진 부대 용사'였다. 전쟁이 휴전으로 중단되고 제대를 한 그녀의 남편은 1950년대 말 부모와 고향을 떠나 6·25 전쟁으로 수복된 양구로 이사를 했다. 그때 시작한 남편의 사업은 그럭저럭 명맥을 이으며 밥숟가락은 뜰 수 있었다. 그 사업이 조금 나아질 무렵 남녀 두 명의 직공을 들인 게 화근이 되어 서서히 사업은 기울고 가세마저 위협을 받기에 이르렀다. 설상가상 고래로 이어 온 고향 부모님의 문전옥답까지 팔아서 합류하고자 나섰으나 양구로 가던 버스 안에서 할아버지가 그 대금 전부를 인식 범으로 추정되는 자들에게 소매치기 당해 수포로 돌아가는 참담한 소용돌이를 겪었다.

그녀의 기계적으로 반복되는 산 오름은 그야말로 처절했다. 알토란 같던 사업장을 넘기고 리어카 한 대에 전 재산을 싣고 읍내에서 시오리 길은 족히 더 되는 시골에 두 칸짜리 다 쓸어져 가는 집으로 이사를 하던 기억이 그녀의 뇌리를 쳤다.

그 여파로 그녀의 남편은 병을 얻어 사십 대 초반에 세상을 떠났다. 시골집 텃밭, 그해 유난히 실했던 무와 배추를 바라보며 "참 푸르네, 저 싱싱한 무와 배추처럼 내게 다시 새 삶이 주어진다면 이렇게 바보 같은 삶은 살지 않을 텐데..." 독백처럼 유언하며 그렇게 그는 부모님과 다섯 아이를 그녀의 어깨에 짐통처럼 매달아 놓고 가 버렸다.

잊으려고 하면 할수록 그 고통의 기억들은 그녀를 집요하게 더 괴롭혔다. 생명을 걸고 질통을 지고 나무뿌리에 의존하며 오르는 이 순간에도 그 기억들은 한 순간도 그녀 곁을 떠나지 않았다.

아니나 다를까 그 회상의 순간 나무뿌리인 줄 알고 쥐었던 풀뿌리가 뽑히면서 황급히 재차 움켜쥔 그루터기가 그녀의 생명줄을 간신히 연장해 줬다. 좀처럼 지워지지 않는 지난날의 상념이 이제는 그녀의 생명까지 아찔 위협하자 그녀는 거세게 도리질을 치며 정신을 가다듬었다.

천신만고 끝에 정상에 다다른 그녀의 질통을 토치카 공사장 인부들이 어깨끈 풀어 받아 들자 털썩 주저앉았다. 그녀의 몰아쉬는 한숨이 허공 속으로 사라진다. 다섯 그녀의 아들딸들의 모습이 그녀를 다시 하산길로 일으켜 세웠다.

어깨 피멍은 물론 온몸이 갈기갈기 찢긴 것 같은 그녀의 밤은 고통 바로 그 자체였다. 시부모와 아이들 들을세라 속으로 통증을 삼키며 혼절에 가까운 그런 밤이 수개월을 거듭했다.

아침 해가 떠오르는 앞산(山) 정상에 그렇게 토치카가 지어졌다. 세월이 많이 흐른 후에야 그녀가 자식들을 위해 생명을 걸고 그 공사에 참여했었다는 사실을 들어 알게 되었다.

그녀는 아흔셋을 일기로 하늘나라로 가셨다. 그토록 사랑했던 그녀의 자식들을 가슴에 담고 토치카 공사 벼랑길에 한 발 한 발 오르며 디뎠던 그 사랑의 걸음으로 하늘에 오르셨다.

살아생전 그녀는 그녀의 울퉁불퉁 휘고 일그러지고 꺾인 그녀의 손을 그녀의 자식들에게 보이시곤 하셨다. 그럴 때마다 그녀의 자식들은 "이제 그만 좀 하세요" 이구동성으로 그녀의 외침과 손길을 만류했다. 세상에, 세상에 이런 불효가 어디 또 있을까!

　그 뒤늦은 후회, 그 통한의 불효가 오늘도 토치카 산을 눈물로 오른다.

생과 사, 그 순간에 찾아오신 기적

　인생은 순간(瞬間)의 합이다. '눈 깜짝할 사이의 매우 짧은 동안'이라는 순간, 그 순간의 합이 누구나의 일생이 되는 셈이다. 순간순간은 우리에게 다양한 모습으로 다가온다. 때론 절체절명의 위기의 형상으로 찾아오기도 하고, 때로는 환희와 기쁨의 모습으로 다가온다.

　한 순간의 길이는 과연 얼마만큼이나 될까? '찰나'라고도 하는 '눈 깜짝할 사이'일 수도 있고, "천 년이 지나간 어제 같으며 밤의 한 순간 같다"는 성경의 말씀처럼 천 년도 한 순간이 될 수 있다는 것이다. 궁금증이 가장 많은 어린 시절 누구나 한 번쯤은 생각해 본 적이 있을 거다. 바로 우주 만물은 언제 생겨났고, 과연 누가 만들었을까?" 하는 생각들 말이다. 감히 인간의 능력으로는 가늠해 볼 수조차 없지만 그 모든 순간들도 다 흐르고 지나가 「지금」이라는 순간에 모두 담겨 있으니, 그 지금의 위력도 엄청나다는 생각도 해 본다. 그러면서도 그 순간이란 것에는 마치 우주의 블랙홀처럼 엄청난 사연들이 응축되어 담겨 있다는 생각도 든다. 이에 더해 삼라만상이 마치 정교한 기계의 톱니바퀴처럼 한 치의 오차도 없이 얽히고설켜 있는 모습들을 보거나 느낄 때마다 조물주께서 창조하신 우주만물과 대자연의 위용 앞에 저절로 머리가 숙여진다. 겸손한 마음과 감사한 마음까지 저절로 든다.

　인생은 선택의 연속이다. 그런데 어느 선택이든 어떤 순간이라는 공간 속에서 이루어진다. 우리네 인생길을 걷다 보면 너나없이 두 갈래 세 갈래 갈림길을 만날 때가 있다. 그럴 때마다 우리는 필연적으로 그 중의 하나를 선택한다. 그리고 그 선택에 따라 자신의 인생이 오롯이 빛나기도 하고, 다시는 돌이킬 수 없는 후회를 낳기도 한다. 심지어 생과 사가 뒤바뀌는 결과를 초래하기도 한다.

　별반 소득도 없는 일에 얽매여 한나절 씨름을 하다 보니 머리도 아프고 가슴도 답답하다. 사무실을 나와 아파트 단지 숲속 벤치에 앉아 크게 한숨 몰아쉰다. 목운동 겸 뒷목 젖어 하늘을 보니 오늘따라 파란 하늘이 더 파랗다.

　문득 까까머리 중학교 2학년 시절 토요일 오후 하굣길에 자주 쳐다보았던 파란 하늘로 내 마음이 두둥실 떠오른다. 모두가 가난했던 시절 그래도 꿈과 희망은 살아 날아오르던 그 하늘로 말이다.

　교내 매점에 들러 5원짜리 제법 굵직한 알사탕 하나를 사서 입에 물었다. 달콤한 사탕 향기가 입안을 환희로 가득 채운다. 어두컴컴한 새벽 등굣길 어머니가 아들의 호주머니 속에 찔러 넣어 주시는 5원짜리 동전의 효력이 이렇게 크다니! 점심을 건너뛴 허기도 잊을 정도다. 그 행복한 에너지를 발끝에 모아 시오리 길 끝에 있는 집을 향해 교문을 나섰다.

지루함을 잊기 위해 수첩 영어 단어를 외우며 비포장 신작로를 걷다가 매번 다른 선택을 했던 두 갈래 갈림길 앞에 섰다. 한쪽 길은 산길이고, 또 한쪽 길은 지금까지 걸어온 신작로다. 산길은 거리를 단축할 수 있지만 공동묘지를 통과해야 했다. 그날따라 왠지 으스스한 느낌이 더해 산길 대신 신작로 길을 선택했다. 그리고 길어진 귀갓길만큼 걸음을 재촉했다. 바로 이 선택이 내 짧은 인생의 종착역이 될 뻔했던 선택이었던 것을 모른 채 말이다.

그때 그 산길은 지금은 흔적을 찾을 수가 없다. 1980년대 초 당시 민군 합동으로 공동묘지의 쪽 산허리를 뚝 잘라 '숙원로'라는 이름으로 큰 길을 냈다. 자연스럽게 그 때 필자가 선택했던 비포장 신작로 '광대바위길'은 지금은 폐도로가 되어 숲속에 묻혀 있다. 두 갈래 길 선택에 너무 집중하다 보니 어느새 입 안 가득 알사탕이 다 녹아 버린 순간 급커브 길 광대바위에 도착해서 잠시 걸음을 멈춰 섰다.

그 광대바위길 난간 아래 파로호 상류의 웅장한 자태가 펼쳐졌다. 이 광대바위를 기준으로 왼쪽으로는 읍내 옆구리를 관통해서 흘러내리는 서천이 파로호로 흘러 들어가고, 오른쪽은 도사천을 발원지로 해서 한전천과 죽곡천이 합류하는 제법 큰 물길이 거친 소용돌이를 일으키며 파로호로 흘러 들어가는 곳이다. 이 길을 지나칠 때나마 잠깐잠깐 늘 하던 대로 검푸른 파로호를 내려다보던 중 가파른 산기슭 아래 아슬아슬한 난간에서 낚시를 하는 낯익은 사람들의 모습이 눈에 들어왔다.

순간 허기도 잊은 채 자신도 모르게 내리막 벼랑길로 내려섰다. 궁금증이 발동한 것이다. "학교 끝나면 바로 오너라" 어머니의 당부도 잊은 채 한 발 한 발 디딤돌을 밟고 작은 소로를 통해 낚시꾼들이 있는 곳으로 내려가다 더 이상 디딜 데가 없어 중턱쯤에 그대로 쪼그려 앉아 낚시하는 모습을 구경하기 시작했다.

얼마나 지났을까 위쪽에서 인기척이 들려 올려다보니 나 같은 구경꾼이 내려와 앉아 있었다. 이내 다시 낚시꾼에 눈을 돌린 순간 등 뒤에서 '앗'하는 비명소리와 함께 무언가 굴러 떨어지는 소리가 들리자마자 내 등 뒤를 사정없이 "쿵" 하며 내리쳤다. 그 엄청난 힘에 내 몸은 중심을 잃고 벼랑으로 굴러떨어져 소용돌이치는 물속으로 곤두박질쳤다.

강한 충격에 순간 잃은 정신이 찬물에 풍덩 빠지면서 일시 돌아왔지만 몸은 거친 소용돌이에 휘말려 떠내려가기 시작했다. 바로 그 순간 어디선가 "물속으로 들어가 깊이!...깊이, 깊이!~"라는 명령과도 같은 외마디 소리가 내 귀와 심장을 강타했다.

물에 빠지면 열에 아홉은 물 밖으로 나오려고 발버둥을 치기 마련인데 물속으로 들어가라니 찰나의 반발심도 있었지만 엄한 선생님 말씀에 순종하듯 나도 모르게 물속 깊이 내 몸을 밀어 넣고 헤엄을 치기 시작했다.

터질 것 같은 폐의 통증을 면해 볼 심산으로 물 밖으로 얼굴을 내민 순간 내 몸은 다시 물속으로 빨려 들어갔다. 다행히 순간 들이마신 공기로 힘을 얻어 다시 물속헤엄을 쳤다. 한 방울에 불과한 공기의 힘이 새삼 놀라웠다. 더 큰 용기를 보태 물속에서 눈을 떴다. 수중 깊이를 가늠해 봐야겠다는 생존 본능의 발버둥이었다.

지상에서 그렇게 쉽게 깜빡이고 껌벅이던 눈이 물속에서는 왜 이리 뜨기 어려운지! 떠야 산다. 이를 악물고 눈을 떴다. 뿌연 흙탕물 속에 바닥이 보였다. 내 키와 물의 깊이를 가늠하며 그야말로 기를 쓰고 죽기 살기로 눈 뜬 헤엄을 계속 쳤다. 이제 살았다는 느낌이 와서 보이는 바닥에 두 발을 딛고 우뚝 서 봤다. 어디서 온 힘인지도 모르는 힘으로 과속한 덕분에 서 있는 내 몸 가슴만큼 찬 물결이 거친 내 호흡을 진정시켜 주었다.

강 건너 낚시꾼들과 나를 덮친 지금도 이름 모를 친구는 두 손을 움켜쥐고 기도하듯 서 있었다. "살았어! 오오! 살았어!" 함성이 박수에 실려 건너왔다. 한참 만에 강 어귀를 휘돌아 그곳에 있던 사람들을 만나 물었다. "어느 분이 저보고 물속으로 들어가"라고 하셨는지? 그곳을 떠난 사람이 한 사람도 없었는데 그 말을 한 사람도 그곳엔 없었다. 아무도...

이 글을 어떻게 마칠 것인가 많은 생각을 했다. 이런저런 많은 고민을 하다가 문득 '은혜'라는 노랫말이 떠올랐다. 가사가 길어 다는 기록하기가 어려워 그 중 마음에 와닿는 세 구절로 이 글을 맺을까 한다.

내가 누려 왔던 모든 것들이 내가 지나왔던 모든 시간이 내가 걸어왔던 모든 순간이 당연한 것 아니라 은혜였소! 아침 해가 뜨고 저녁의 노을 봄의 꽃향기와 가을의 열매 변하는 계절의 모든 순간이 당연한 것 아니라 은혜였소! 내가 이 땅에 태어나 사는 것 어린 아이 시절과 지금까지 숨을 쉬며 살며 꿈을 꾸는 삶 당연한 것 아니라 은혜였소!

내가 이 순간 이 자리에 살아 앉아서 이 글을 쓸 수 있다는 것이 내가 잘나서, 아니면 순전히 내 능력으로 이룩해 놓은 것이 결코 아니라는 통회의 고백을 담아서 이 글을 마친다.

내 삶의 모든 순간이 응축되어 담겨 있는 지금도, 아니 살아 있는 동안 영원히 지워지지 않을 것 같은 기억 하나, 무섭게 소용돌이치는 시커먼 강물에 빠졌다가 기적적으로 살아 돌아온 아들의 실신한 듯 초췌한 모습을 부둥켜안고 "감사합니다, 감사합니다." 외치고 우시던 어머니 모습이 지금도 눈에 선하다.

볍씨와 증조부

'농부는 굶어 죽어도 그 종자는 베고 죽는다.'는 말이 있다. '농부아사(農夫餓死)라도 침궐 종자(枕厥種子)'라고 정약용의 여유당전서(與猶堂全書) 중 이담속찬(耳談續纂)에 나오는 말이다.

증조부는 6·25전쟁 중 가족이 보는 앞에서 북괴군의 만행으로 돌아가셨다. 그자들이 씌운 죄명이 '볍씨간수 죄'. 봄 못자리용 볍씨를 작은 항아리에 넣어 밀봉을 하고 땅에 묻어 놓았는데 그게 죄명이었다고 하니 세상에 그런 만행이 어디 따로 있겠는가! 비단 이뿐이랴! 북괴의 남침, 6·25 전쟁을 통해 77만여 명의 국군과 유엔군이 전사하거나 부상 또는 실종을 당했고, 650여만 명의 피난민에 99만여 명의 백성이 생명을 잃거나 학살, 부상, 납치, 행방불명되었다고 하니 지구상에 이와 같은 동족상잔의 비극을 어찌 더 찾아볼 수 있겠는가!

증조부는 고종황제 23년 1885년 8월 13일 강원도 홍천에서 출생하여 슬하에 3남을 두셨다. 그중 맏아들이 나에겐 조부시고, 그 조부께서 1남 1녀를 두셨는데 두 분 다 내가 아홉 살 때 아버지는 병환으로, 고모는 출산 중에 안타까운 삶을 눈물로 마감하셨다.

그러다보니 족보 이외에는 가문의 역사를 제대로 기록하거나 유지하지 못한 채 허둥지둥 이 나이를 살아가고 있다.

  굴곡과 부침이 심한 어린 시절의 가정사. 그런 사연으로 나는 초등학교를 세 번 입학하는 우여곡절을 겪었다. 글자 그대로 3수 끝 아홉 살에 다시 1학년이 된 그해. 아버지가 큰 병환이 들어 집에 누워 계셨다. 그때 나는 학교가 파하기 무섭게 집으로 달려가 아버지의 말동무를 해 드리곤 했는데, 사실 말동무라기보다 아버지 이야기를 듣는 경우가 더 많았다. 그때 간간이 가족사를 이야기하셨고, 때론 아버지가 국군에 입대하여 전선에 있던 기간의 공백사(空白史)는 곁에서 어머니가 거들곤 하셨는데, 그때 증조부에 대한 북괴군의 만행을 상세히 듣게 된 것이다.

  세상에 농부가 농사를 위해 볍씨를 간수해 놓았다는 사실만으로 죄 없는 사람을 무자비하게 폭행하는 흉포하고 끔찍한 악행을 세상 어느 누가 감히 저지를 수 있단 말인가!

  오늘을 사는 대부분의 사람들은 말없이 묵묵히 자신이 처한 환경이나 주어진 역할에 순응하며 열심히 살아간다. 그런데 불행하게도 그렇지 못한 그룹이 존재한다. 보수니 진보니 하며 사리사욕과 당리당략을 위해 국민의 고단한 삶은 안중에도 없는 정치인들이 바로 그들이다.
  참으로 안타까운 일이 아닐 수 없다.

  오래 전 누군가가 우리나라가 '극일' 곧 일본을 이길 수 있는 방법이 바로 '우리 정치인들을 일본에 수출하면 된다.'는 '우스갯소리'를 흘려들은 적이 있는데, 작금의 세태를 보면서 하루빨리 정치인들이 정신을 가다듬고, 오직 국민만 바라보고, 나라의 미래를 걱정하고 예비 하면서 나날이 깊어가는 국민들의 고통을 덜어주는 그런 아름답고 '선한 정치'를 하는 모습을 간절한 마음으로 염원해 본다.

아울러 어른들이 계시기에 오늘을 사는 우리가 있고, 그것도 세계 10대 강국의 자랑스러운 우리나라 자유대한민국이 있을 수 있었다는 사실을 우리는 한 시도 잊어서는 안 된다. 살다 보면 "겪어 봤어? 남의 얘기라고 함부로 말하지 말라."는 질타의 소리를 듣곤 한다. 이를 역설적으로 생각해 보면 세상 사람들 중에 아직도 자신은 전혀 겪거나 들어 본 적도 없는 사람들이 그저 뿌리 없는 맹종이나 부화뇌동의 소치로 선인들의 거룩한 업적을 왜곡하는 망발을 저지른다는 것이다. 결국은 그것이 자신의 존재를 부끄럽게 만드는 부메랑이 된다는 사실도 모르고. '역지사지'의 당위성이 새삼 강조되는 이유이다. 누군가의 가족이 바로 내 증조부와 같은 끔찍한 일을 당했다면 과연 그렇게 할 수 있을까 하는 숙연한 마음으로 통찰하고, 나아가 겪지 않고도 살펴 말하고 행동할 줄 아는 그런 사람이야말로 현대를 사는 바로 그 '지성인'의 모습이 아닐지 되뇌이고 숙고해 볼 일이다.

각설하고, 삼한사온이 뚜렷했던 우리나라. 하도 세상이 흑과 백으로 나뉘어 싸운 탓인지 기후도 변해 춘하추동 4계가 여름과 겨울 2계로 나뉜 건 아닌가 하는 정도의 심각한 기후변화를 겪고 있다.

지구촌 곳곳을 대홍수로, 폭설로, 50도를 넘나드는 고온 현상에 상상을 넘는 극심한 가뭄으로, 특히나 북극과 남극이 녹아내리는 엄청난 기후위기를 초래하고 있지만, 우리 인간들은 지금도 '우선 내 입과 몸이 편하고 즐거우면 된다.'는 극단적인 이기주의가 날로 팽창의 속도를 더하고 있다. 이게 잠들지 않는 한 우리의 미래는 없다는 생각이 강하게 드는 이유다.

올해도 어김없이 가을이 왔다. 내 증조부는 끔찍한 일을 당하셨지만 현자 만인께서 지키신 볍씨, 그 종자 덕분에 넓은 들판에 황금빛 물결이 출렁이는 계절이 온 것이다. 이 가을에 세상을 향해 하고 싶은 말이 하나 있다. 이제 더 이상 오늘의 이 나라를 지키고 가꿔 오신 어르신들에 대해 그 헌신에 박수는 고사하고 폄훼의 말은 하지 말아 달라는 것이다. 이것이 저 하늘에서 제대로 눈도 감지 못하고 애통해 하시는 선열에 대한 최소한의 예의이자, 도리가 아닐까 하는 생각을 한다.

병역이행명문가 유감

　최근에 10월 1일 국군의 날을 임시 공휴일로 지정하는 방안을 검토하고 있다는 아주 반가운 소식이 들려온다. 다 잘 알다시피 국군의 날은 6·25전쟁 때 육군 제3보병 사단이 38선 위로 진격한 날짜 10월 1일을 '국군의 날'로 정해 1956년 10월 1일부터 기념해 오고 있다. 이 소식을 듣는 순간 불현듯 어릴 적 아버지 모습이 떠올랐다.

　내가 아홉 살 때니까 1965년 7월경으로 기억되는 데 그때 갑자기 병석에 계신 아버지께서 힘겨운 목소리로 나를 부르셨다. 아버지께 다가 선 나 대신 열린 문 앞 텃밭의 무와 배추를 바라보시며 "참 푸르네, 저 싱싱한 무와 배추처럼 내게 다시 새 삶이 주어진다면 이렇게 바보 같은 삶은 살지 않을 텐데…" 몇 번이고 혼잣말을 하시더니 불쑥 "내가 6·25때 전쟁에 나갔었단다." 하는 말씀을 하셨다.

　내 나이 아홉 살. 전쟁이 뭔지도 모르는 내게 그때 이런저런 여러 가지 말씀을 하셨는데 너무 어린 때라 기억나는 것은 거의 없다. 다만 아버지가 전쟁 중에 행군을 하는데 한낮에 물이 없어서 목이 타들어 갈 정도였는데 마침 우마차가 지나간 바퀴 자국에 고여 있는 흙탕물을 보고 자신도 모르게 엎드려 급히 마신 적이 있었다는 얘기가 지금도 희미하게 남아 있다. 그 말씀 후에 얼마 지나지 않아 아버지는 돌아가셨다. 세상 어느 가정이나 한 집안의 가장을 잃게 되면 그 슬픔과 고통은 말할 것도 없고, 그 고난의 길은 걸어 본 사람만이 알 수 있을 것이다.

그렇게 60여 년 그 고통과 고난을 어깨에 짊어지고 오직 앞만 보고 걷느라 아버지에 대한 기억도 까맣게 잊고 있던 무렵 인터넷을 통해 글 한 편을 읽었다. 그 글은 「1953년 휴전 협정조약이 체결되던 당시, 현재는 파주 쪽의 비무장 지대 내에 있는 「베티 고지」를 점거하고 있던 1사단 11연대 김만술 상사가 이끄는 1개 소대가 중공군 2개 대대를 맞서 싸워 이기는 대승을 거뒀고, 그 결과로 태극무공훈장을 받았으며, 생존자들은 베티고지의 영웅들로 추앙받았다.」는 가슴 뭉클한 글이었다 이 글을 접하면서, 문득 "돌아가신 아버지는 그때 무얼 하셨을까" 하는 스스로의 물음에 답을 찾기 위해 본격적으로 그 기록을 찾아 나섰다.

그러나 작고하신지도 60년이 넘었고, 더구나 휴전이 된지도 오랜 터라 집안에 보관하고 있는 자료조차 없어서 우선 확보가 가능한 제 증명 서류를 발급받아 기초적인 자료를 정리한 후에 아버지에 대한 병적사항을 확인하기 위해 병무청에 문의를 했다.

그런데 병무청에서 육군본부에 군번 찾기를 신청하면 된다는 반가운 답변을 듣고 「육군 민원상담센터」에 필요한 자료와 함께 아버지에 대한 '군번 찾기 신청'을 하게 됐다.

그러면서 마음 한편으로는 그간 왜 진작 신청하지 못했지 하는 자책을 하면서 정작 조바심이 났던 것은 '과연 아버지의 군번을 찾을 수 있을까, 6·25참전용사는 맞는 걸까'하는 여러 가지 생각이 들었다. 어렵사리 군번 찾기 신청을 하고 나서 일각이여삼추 두근거리는 마음으로 소식을 기다리던 중 신청한지 엿새 되던 날 육군본부 발신의 우편물을 받아 들게 되었다. 떨리는 마음으로 마치 보물을 다루듯 봉투를 개봉해 보니 육군참모총장의 직인이 선명하게 찍힌 문서에 아버지의 '계급과 군번', '입대일과 전역일', '전역사유와 전역부대'까지 기록된 문서를 받아들고 "오!" 하는 외마디와 함께 몇 번이고 읽고 읽기를 거듭했다.

부친의 군번은 94115**, 입대일은 중공군의 참전으로 크고 작은 전투가 계속되던 1953년 2월 28일이고, 만기전역은 입대 후 4년 2개월이 지난 1958년 4월 30일 병장계급으로 기록되어 있었다. 병사로 군복무한 기록이라 6·25전쟁 중 부친이 어떤 전투에서 어떻게 활동했는지 확인할 수는 없었다. 다만 6·25전쟁 중 북진을 통해 최초로 평양에 입성해서 대통령으로부터 『전진부대』라 명명된 보병 제1사단의 구성원으로서 단 한 치의 땅이라도 더 회복하기 위한 일익을 담당하셨을 것이라 짐작할 뿐이다.

언젠가 한 뉴스를 통해 우리나라 병무청에서 「병역이행명문가 찾기」를 한다는 소식을 들었다. 그래서 병무청 홈페이지에 들어가서 자세한 내용을 살펴본 결과 병무청에서 정한 병역명문가는 다음과 같았다.

예로부터 대대로 학식이 높거나 대단한 벼슬을 한 집안을 일러 명문가라 하니 3대(代)가족 모두가 현역복무를 명예롭게 이행한 가문을 병역이행명문가가 부른다. 아울러 지난 2003년 11월 징병제를 근간으로 하는 병역법이 공포 시행된 지 55년이 되었고, 참혹한 6·25전쟁을 겪는 등 숱한 현대사의 국가 위기 한가운데 우리의 할아버지, 아버지, 형제들은 말없이 병역의무를 성실히 이행하여 나라를 지켜왔음에도 병역의무를 성실히 이행한 사람이 이 땅에서 긍지와 보람을 가질 수 있는 행사 마련이 아쉬워 묵묵히 병역을 이행해 온 수많은 가문 중 특히, 3대가족 모두가 현역 복무를 이행한 가문을 찾아 널리 알리고자 「병역이행 명문가」라는 이름으로 전국 각지에 묻혀있는 훌륭한 병역이행 가문을 찾게 되었다며, 본인들과 가족들에겐 대를 이어 나라를 지킨 자부심과 무한한 긍지를, 주위 사람들에겐 존경과 박수를, 후손들에겐 가문의 영광을, 오늘을 사는 젊은이들에겐 병역이행의 자랑스러움과 숭고함을 일깨우는 데 도움을 주고자 '명예의 전당'을 개설하여 병역이행 명문가를 올리게 되었다는 게 '설립취지'다.

병무청의 설립취지를 읽고 나니 마침 아버지에 대한 6·25전쟁 중 군 복무 기록을 확인하고 난 직후라 자연스럽게 병무청의 「병역이행명문가」에 관심을 갖게 되었고, 이참에 나도 신청해 봐야겠다는 결심이 섰다. 서류를 준비해 놓고 병무청 담당 부서에 전화를 하고 세부 신청요령에 대한 상담을 했다. 마음속으로 6·25전쟁 참전용사인 부친을 기준으로 한 병역이행명문가로 선정이 되면 너무도 늦었지만 그래도 아버지께서 하늘에서 기뻐하시겠지 하는 생각도 들었다. 그런데 본 신청서도 보내기 전에 병무청 상담관의 크게 실망스러운 답변을 듣게 되었다.

부친이 군에 입대할 때 나이가 28세였다. 그때 고향집에는 부친의 조부모와 부모를 비롯해서 어머니와 1남 1녀를 두고 있었다. 만 20세 전후에 입대하는 지금을 기준으로 해도 아주 늦은 나이 28세. 조금 거슬러 올라가면 독자였던 아버지가 첫아들을 낳은 것은 해방 이듬해인 1946년 7월이었다. 그런데 그 첫아들은 1930년대 세계적인 대공황과 악독한 일제 침략과 수탈의 늪에서 끼니는 물론 생명마저 유지하기 어려웠던 시절 일제의 정신대 만행을 피하기 위해 열네 살에 시집온 어머니와의 사이에서 태어났다. 그러하니 그 태어난 육신이 온전할 리 만무했다. 평생을 장애로 살다 혼인도 하지 못한 형은 어머니보다 먼저 세상을 떠났다.

현재도 장애인은 군대를 못 간다. 가고 싶어도 갈수 가 없는 것이다. 아버지를 위시해서 나와 아들 둘도 육군 병장으로 만기 제대를 했다. 막냇동생도 그랬고, 막냇동생이 나은 아들은 ROTC 장교로 군 복무를 마쳤다. 장애인으로 태어나 서러운 삶을 산 것도 큰 아픔이자 고통이었는데, 그렇게 세상을 떠난 형이 있었다는 이유 하나만으로 「병역이행명문가」가 될 수 없다는 것이다.

나라에서, 병무청에서 정한 기준이 그렇다니 어쩔 수는 없다. 그렇지만 세상만사 불가능한 영역에 대한 병무청의 예외 없는 규정이 아쉽고 허탈하다. 괜히 아버지를 뵐 면목조차 없는 느낌이다. 그래서 유감이다.

2부

범사에 감사하는 삶

사진 | 김진하 작가

새벽 예찬 / 햇살 따뜻한 어느 날 아침의 단상
모루 / 모기와 코끼리 / 몫 / 시작과 끝
기다림 / 소소한 일상에 담겨있는 행복

새벽 예찬

　새벽이다. 늘 같은 시각에 맞는 새벽인데 무언가 다른 느낌을 준다. 하루를 더 살고 맞는 아침이어서 그런가? 여하튼 오늘도 내 품에 새벽이라는 선물이 한가득 안긴다. 새벽은 동이 틀 무렵으로 해돋이 또는 여명과 같은 말이다. 순우리말로는 갓밝이라고도 하는데 해가 떠오르기 직전부터 해가 떠오르기 시작해서 차츰 밝아지고 완전히 환해질 때까지를 새벽이라고 부른다.

　새벽을 시간별로 구분하기도 하는데 그중 '꼭두새벽'은 아직 어두운 새벽이고, '어슴새벽'은 말 그대로 어슴푸레한 새벽을 말하는 것이니 여기에 자정이 지난 1~2시를 새벽 한 시 두 시라고 부르면 '한밤중이 설 자리가 없네' 하는 생각이 든다. 아내와 함께 받은 선물 가득 안고 새벽길을 나선다. 아! 하는 감탄이 절로 나는 새벽 풍경이 파노라마처럼 이어진다. 예쁘다. 아름답기 그지없다.
　새벽의 주인공은 동쪽 하늘 가장자리에 솟구치는 여명이다. 간간이 그의 출연을 시샘하는 구름이 그를 방해하곤 하지만 어김없이 허사로 돌아가고 오히려 그의 조연이 되어 장엄함을 한층 더 빛내 준다.
　가슴 속 깊이 아침 공기를 한껏 들이마신다. 흐릿한 정신이 새삼 맑아지고 함께 잠들었던 세포들도 길게 기지개를 켜고, 힘 빠진 팔과 다리에 불끈 새 힘을 느낀다. 생명의 젖줄 공기. 어제보다 더 신선해진 듯한 이 공기의 원천은 어딜까? 늘 한자리에 서 있는 나무들. 춘하추동 사계절 눈보라 혹한에 떨고, 한여름 뜨거운 햇살에 가쁜 숨 몰아쉬고, 비바람에 흔들리고 부러지는 고통을 겪으면서도 불평 원망 한마디 없는 나무들. 그들은 밤새 사람들이 뱉어낸 나쁜 공기를 마시고 우리에게 인간에게 한순간도 없어서는 안 되는 산소를 선물해 준다. 새벽이 아니면 느끼기 힘든 이 얼마나 놀라운 경이로움 인가!

눈 아래 발끝에 펼쳐지는 오밀조밀한 화단 풍경. 방금 잠에서 일어난 풀잎엔 마치 수정 같은 영롱한 이슬이 맺혀 있다. 언뜻 그리스 신화에 나오는 에오스가 사랑하는 아들이 트로이 전쟁에 참전했다 아킬레우스에게 죽임을 당하자 슬픔에 흘린 눈물이 바로 이슬이 되었다는 가슴 아린 이야기가 이슬 속에 어려 있는 듯하다.

아내와 나선 새벽 발길이 속도를 더한다. 어제보다 조금 일찍 출발한 덕분에 조금 천천히 걸으며 새벽을 만끽한다. 어둠을 밝히며 분주히 오가는 택시. 바쁜 속도로 짐칸 가득 물건을 싣고 달리는 화물차. 부지런한 새벽이요 희망이다.

발길이 춘천의 명소 풍물시장을 지난다. 춘천 풍물시장은 매월 2일과 7일에 장이 열린다. 그러니 12일, 17일도 장이 서고, 22일과 27일 모두 여섯 번이 서는데 최근에 새롭게 단장을 해서인지 날이 갈수록 장의 규모가 커지고 장날이면 서울 등 외지 관광객들까지 모여 그야말로 한마당 잔치가 펼쳐진다. 춘천-서울 간 전철 교각 아래 자리 잡은 춘천 풍물시장. 그 전철 교각엔 춘천이 낳은 가장 한국적인 작가 김유정의 서정적 작품과 실물 보다 더 생생한 그림이 그 분의 작품만큼이나 진한 정겨움을 안겨준다.

 그분 생각에 잠시 멈춰 섰던 걸음을 한 걸음 떼자 한창 새벽 장 준비를 하던 아주머니 한 분이 옆에 분과 나누는 다감한 목소리가 잠이 덜 깬 내 마음에 잔잔한 울림을 준다. "언니, 집에서 직접 농사를 지은 걸 내다 파니 기분이 더 좋지." "그럼 그러면 좋고말고. 내가 기른 싱싱한 채소를 새벽 손님에게 파는 기쁨 아마 경험해 보지 않고는 모를걸." 맞장구치는 목소리의 여운이 아침 걸음 내내 귓전을 맴돌며 나를 기쁘게 한다.

 문득 60년대 곤궁했던 시절. 사회마저 매우 혼란했던 시대 부친의 연이은 사업실패로 아홉 식구 대가족이 시골의 허름한 집을 구해 이사를 갔던 기억이 내 발걸음을 더디게 한다. 하루 세끼 식사는 호사로 여기던 때. 아침 식사를 기대하는 것은 그냥 기대였지 거의 매일 아침 겸 점심과 저녁 이렇게 한두 끼만 밥을 먹는 날이 대부분이었다.
 그러던 어느 날 새벽 초저녁에 군불로 데워진 구들방 온돌이 식어 갈 무렵 서서히 따뜻해져 가는 낯선 느낌에 자리에서 벌떡 일어나 보니 부엌에서 붉은 불빛이 스미어 나왔다. 나도 모르게 부엌으로 발길이 향해 들여다보니 어머니가 아궁이에 불을 때고 있었다. 반가운 마음에 "엄마 밥해?"하며 큰 가마솥 뚜껑을 확 하고 열어 보니 밥은 고사하고 시퍼런 물이 마치 태풍에 뒤집히는 파도처럼 뒤엉켜 일렁이며 펄펄 끓고 있는 게 아닌가! 볼멘 목소리로 "밥도 안하면서 뭘 하려고 이렇게 물만 끓여." 힘없는 말끝에 "새벽에 굴뚝에서 제일 먼저 연기가 나는 집은 하늘에서 복을 내리신단다."하시며 이글이글 타는 아궁이 불을 붉게 충혈 된 눈으로 응시하시던 어머니 모습이 지금도 눈에 선하다.

좀처럼 흐트러지지 않는 어머니의 잔영. 이에 더해 이런저런 상념까지 겹쳐 걷는 길마저 사라진 순간 중심을 잃고 넘어질 뻔한 찰나에 제정신이 번쩍 들었다. 안도의 한숨을 쉬며 눈 들어 보니 귀갓길 길가에 플라타너스 가로수가 길게 늘어서 우리를 반긴다. '저들도 밤새 우릴 위해 잠 못 들고 혼탁한 세상을 마셨구나' 생각하니 나무 한 그루 풀 한 포기에서 시작된 대자연의 헌신과 하늘의 가호에 저절로 머리가 숙여진다.

가을이다. 울긋불긋 물들어 가는 가로수 잎. 찌는 듯한 폭염에도 지치지 않고 태양열을 고스란히 몸으로 받아 나무를 살찌우더니 머지않아 떨어져선 메마른 대지에 자양분이 되겠지 하는 생각이 우리를 집 앞 풍물시장에 데려다 놓았다. 갈 때와 달리 왁자지껄 수많은 상인과 손님들로 활기가 넘친다. 새벽이 열어 놓은 고귀한 생명의 소리요, 그 몸짓이다.

새벽 예찬이다.

햇살 따뜻한 어느 날 아침의 단상

　제2의 인생을 설계한답시고 거의 몇 달째 입에 대지 않던 술이 과했던지 늦잠에서 눈을 떴다. 사는 집이 14층이라 아침이면 눈부신 햇살로 샤워를 하는 축복의 생활을 이십년이 넘도록 계속해 왔는데 오늘따라 발코니 창을 뚫고 안방까지 들어온 햇살이 유난히 눈부시고 따뜻하게 여겨졌다.

　분명 어제 아침에도 들어왔던 햇살인데 '그땐 왜 느끼지 못했지' 하는 자문을 하며 발코니로 나갔다. 창문을 여니 시원한 아침 공기가 더 눈부신 햇살과 함께 쏟아져 들어왔다. 자신도 모르게 심호흡 깊게 하니 조금은 머리가 맑아졌다.

　몇 개월 전 한번 키워 보라던 지인이 선물한 난초에 눈이 갔다. 며칠 살피지 않는 사이에 난석들이 하얗게 말라 있어 부랴부랴 물을 주며 하나하나 살펴보았다. 가을이 깊어지면 난도 성장 활동을 중단하고 월동 준비를 한다고 한다. 그래서 물도 1주일에 2~3회 주면 충분하다는 지인의 말이 생각났다. 그 덕인지 난초들은 싱싱하게 잘 자라고 있었다. 그중 하나는 꽃 몽우리를 틔워 신비한 모습을 하고 있었다. 기쁜 마음에 지인에게 전화를 해 보니 그 상태로 겨울을 나고 봄이 오면 꽃을 활짝 피운다고 한다. 몽우리가 저리 탐스러운데 꽃이 피면 얼마나 예쁠까 상상해 본다.

물주기를 마치고 거실로 들어오면서 오늘따라 새삼스럽게 따뜻하게 느껴진 햇살의 의미를 다시 한 번 떠올려 봤다. 무슨 기분 좋은 일이 있나 손꼽아 봐도 내세울 만한 것은 없고, 오히려 몇 가지 근심 걱정거리가 있어 밤새 고민하던 끝에 맞이한 아침 햇살인데 도대체 왜 하는 생각이 또 머리를 들었다.

이런저런 생각 끝에 문득 떠오른 말. '세상 모든 풍파 너를 흔들어 약한 마음 낙심하게 될 때에 내게 내려 주신 복을 세어 보아라' 하신 성경의 글귀가 뇌리를 스쳤다. 아하! 이거였구나 하며 무릎을 쳤다. 세상에 근심 걱정 없는 사람이 혹시 있을까? 살면서 이 근심 끝에는 더 이상의 근심이 없겠지 하면 또 다른 근심이 밀려오고 그것이 끝나면 또 다른 걱정이 마치 파도처럼 끊임없이 밀려와 내 삶을 황폐하게 만들어 버리기가 일쑤였다. 내 나이를 세어 봤다. 어느새 앞으로 살아가야 할 시간보다 뒤돌아볼 시간이 더 길어진 나이가 되어 있다는 사실을 애써 외면할 양 냉수 한 잔을 벌컥 들이켰다.

더 길어진 뒤돌아본 시간은 그야말로 근심과 걱정으로 점철된 시간이었다. 흔히 사람들이 하는 근심과 걱정을 살펴보면 대개는 6% 정도는 이미 지나간 것이고, 90% 이상은 아직 다가오지도 않은 근심과 걱정이어서 정작 제대로 된 근심과 걱정거리는 4%도 채 되지 않는다고 한다. 한마디로 쓸데없는 근심 걱정을 많이 한다는 말일 게다.

사람들은 스스로에게 주어진 복을 애써 외면하거나 감사한 일이 있어도 그저 당연시 하는 경향을 띤다. 어쩌면 내가 그 모양이니 남도 그럴 것이다 하는 못난 생각일 수도 있다.

근심과 걱정이 없는 세상. 아마 모든 사람이 원하는 세상일 것이다.

나는 오늘 아침 느낀 눈부신 햇살과 시원한 공기를 마시며 그 멋진 세상으로 가는 방편을 찾았다. 찰거머리보다 더 지독한 근심과 걱정을 한 방에 물리칠 비책을 구한 것이다. 사람이 좋은 일을 하면 복을 받는다고 한다. 그 중에서 가장 큰 복은 감사한 일에 감사할 줄 아는 사람이 받는 복이라고 한다.

일찍이 독일의 철학자 쇼펜하우어는 "우리는 내가 가진 것은 생각하지 않고 항상 갖지 못한 것만 생각한다."고 했다. 나는 행복한 사람이라는 어느 유명 가수의 노랫말처럼 '나는 행복한 사람이다.' 내가 얼마나 많은 복을 누리고 있는지 깨닫는 순간 내게서 그토록 지독했던 근심과 걱정은 사라지고 행복의 문이 활짝 열릴 것이다.

아내가 "큰애가 왔어요."한다. 반가움이 가득한 목소리다. 수년 전 대학을 휴학하고 서울의 한 고시촌으로 상경했던 큰아이가 어느새 예비군마저 제대하고 민방위 교육을 받으러 왔단다. 오랜 세월 계속되는 시련에도 포기하지 않고 반복된 도전 끝에 사회에 첫발을 내디딜 수 있게 된 큰 아이의 인내와 노력이 정말 대견하고 감사하다는 생각이 들었다.

은퇴 후 내 삶은 극히 단조로웠다. 아침에 일어나면 테니스장으로 달려가 한나절 운동하고 집에 돌아오면 할 일이 없어 멍하니 천장을 쳐다보다가 죄 없는 TV리모컨과 씨름을 하며 무료한 시간을 보냈다. 물론 간간이 문학 활동도 하고, 취미인 바둑 동아리 모임에도 나가고, 대학 동문회 활동도 하지만 무료한 시간을 다 채우는 데는 한계가 있었다. 게다가 늘어난 평균수명을 감안하면 그 긴 세월을 이렇게 허송할 수는 없다는 생각 끝에 이참에 국가자격증을 따서 사무실을 열어보자는 목표를 세웠다.

2017년 새해 시작과 함께 나의 늦은 도전이 시작됐다. 그런데 여기서도 예외 없이 근심과 걱정의 불청객이 찾아 왔다. 머리에 커다란 지우개가 들어 있는지 공부하는 족족 지워졌다. 심지어 '잊지 말 것'하고 카드용지에 써 놓은 것조차 지워지긴 마찬가지였다. 10개월 동안 반복된 지우개와의 싸움을 뒤로하고 드디어 시험 보는 날. 걸어서 시험장으로 가는 내 발길에도 어김없이 근심과 걱정은 동행을 했다. 걸음의 수만큼 그 근심과 걱정은 늘어났고, 그 고약한 녀석들은 긴장과 불안까지 불러 합세를 해서 나를 괴롭혔다.
시험이 끝나고 돌아오는 발길에도, 가답안이 공표되어 채점하는 순간에도, 채점이 끝나니 혹시 OMR카드는 잘 기입했겠지 하는 근심과 걱정이 생겨 정말 지독한 녀석들이란 생각에 저절로 고개를 절레절레 흔들었다.

우리네 삶 속에 근심과 걱정이 없을 수는 없을 것이다. 어쩌면 그 근심과 걱정 덕분에 그것을 이겨 낸 후의 보람의 열매가 더 달콤하고 보람도 행복도 더 커질 수 있다고 생각하면 근심과 걱정은 삶의 필연적 요소요, 오히려 고마운 존재가 아닐까 하는 생각마저 든다.

"약간의 근심, 고통, 고난은 항시 누구에게나 필요한 것이다. 바닥에 짐을 싣지 않은 배는 안전하지 못하여 곧장 갈 수 없으리라." 설파한 어느 철인의 말을 되새겨 본다. 이런 저런 생각과 따뜻한 아침 햇살 덕분에 생긴 에너지로 근심과 걱정의 원천이었던 욕심의 분량을 대폭 덜어 냈다. 그리고 좁아져 있던 긍정의 공간을 최대한 넓혔더니 마음이 조금은 편안해진다.

누구나 근심하고 적정하며 산다. 하지만 지구촌 곳곳에서 상상할 수 없는 고통과 어려움을 겪고 있는 수많은 사람들을 생각하면 내 근심과 걱정은 한마디로 호사스러운 사치나 다름없다는 생각에 부끄러운 마음이 든다.

겨울로 가는 길목에서 햇살 따뜻한 아침에 나는 생각한다. 그리고 두 손 모아 기도하며, 신실한 마음으로 외쳐 본다. 범사에 감사하자.

모루

 농업은 천하의 사람들이 살아가는 큰 근본이라는 뜻으로 '농자천하지대본(農者天下之大本)'이라고 한다. 이 말은 '한서(漢書)' 문제기(文帝記) 조서(詔書)에서 유래 되었다고 하는데 누구나 한 번 쯤은 들어 본 말일게다. 5~70년대 기근의 시대 그야말로 입에 풀칠하기도 힘들었던 시절에 농사야 말로 우리네 삶의 매우 중요한 부분을 차지했던 말인데 경제가 발전하고 삶이 윤택해 지면서 그 중요성은 점차 시들어 갔고, 그만큼의 농지 면적도 급속도로 줄어들고 있다. 최근 한 언론매체의 보도를 보니 해마다 여의도 면적의 53배의 농지가 사라진다니 머지않은 장래 식량조달이 큰 문제로 대두되지는 않을까 하는 걱정이 앞선다.

 서론이 장황하다. 최근 쌀값이 오르느니 한다는 말의 응답이나, 농사 즉 농업을 부흥시키자고 시작한 글은 아닌데 누구 말마따나 삼천포로 빠진 듯하다. 실은 '모루'라는 글을 쓰려다 보니 연상되는 일이 하도 많아서 이리 쓸까 저리 쓸까 아무리 궁리해 보아도 묘책이 떠오르지 않아 그냥 바늘 따라 실 가듯이 컴퓨터 자판 따라 생각나는 대로 주저리주저리 써 내려가기로 했다.

나는 농사가 천하의 근본이라는데 동의를 하지만 그 보다 더 중요한 것을 잊으면 안 된다는 생각을 평소에 한다. 그것은 농사라는 것이 마음으로 짓는 것이 아니고 손과 발과 몸으로 짓는다는 사실이다. 그렇다고 맨손 맨발로 짓는다는 얘기가 아니다. 그 손에 무언가가 들려 있어야 밭을 갈고 씨를 뿌릴 수 있다는 말이다.

그 손에 들려 있어야 하는 것. 바로 호미요 괭이요 하는 농기구들이다. 대개 호미나 괭이 삽은 쓰이는 빈도가 잦아 우리에게 잘 알려진 농기구들이지만 생각보다 농기구의 종류가 많고 다양하다. 내친김에 몇 가지 농기구를 살펴보면, 우선 낫이 있다. 농가에서 풀과 곡식 따위를 베는 데 쓰이는 낫. '낫 놓고 기역자 모른다'는 'ㄱ'자 모양의 농기구요, 세종대왕께서 한글을 창제하실 때 제일 먼저 만드신 'ㄱ'의 의미가 담겨있어 남다른 정이 가는 농기구다.

그 다음이 땅을 파거나 흙을 고르는 데 쓰는 농구의 한 가지로 이름도 예쁜 괭이가 있고, 노동의 대명사 땅을 파고 흙을 뜨는 데 쓰는 연장인 삽이 있다. 그리고 김을 매는 데 쓰는 농기구 우리들의 친구 호미가 있고, 이 밖에도 쇠스랑, 가래, 쟁기, 포크, 넥기, 쇠스랑, 곡괭이 등등 이루 헤아릴 수 없을 정도다.

그런데 이 농기구들은 어디서 왔을까. 대장간? 맞다 대장간이다. 농기구들은 처음부터 저리 예쁘고 귀한 모양은 아니었다. 녹 쓸거나 닳고 닳아 더 이상 쓸모가 없어진 녀석. 마구간 일만 하던 쇠스랑이 농부의 귀여움을 독차지하던 호미가 되고 싶어 하던 꿈을 이루거나, 최근엔 고속도로를 질풍노도처럼 내 달리던 자동차가 그

운명을 다하고 폐차장에서 시름시름 앓다가 어느 날 마음씩 좋고 능력 출중한 대장장이 눈에 들어 벼락출세한 자동차 부품 출신들이 주축을 이루고 있다.

여하튼 그 많은 농기구들의 고향은 대장간이다. 이 참에 대장간도 잠깐 들러 본다. 대장간. 옛날에는 5일 장터나 마을 단위로 대장간이 있어 무딘 농기구나 각종 연장을 불에 달구어 벼리기도 하고 새로 만들기도 하였다. 농사일에 있어서 대장간은 필수적인 존재였다.

대장장이는 오랜 숙련을 통해 담금질로 쇠의 강도나 성질을 조절한다. 풀무는 손풀무와 발풀무가 있는데 발풀무가 더 오랜 역사를 가지고 있다한다. 대장간에는 풀무 외에 모루·정·앞 메와 옆 메·집게·대갈마치·숯 등이 한 가족이다.

얼마 전 논산에 있는 100년 된 연산 대장간이 모 방송사 TV프로그램을 통해 방영된 적이 있다. 3대를 이으며 대장간을 경영하는 내용이 상세히 소개된 적이 있는데 한 순간도 놓치지 않고 아주 흥미롭게 시청한 경험이 있다.

이런 대장간의 작업과정을 자세히 살펴보면 풀무로 화로의 불을 피워 쇠를 달군 뒤 메질과 담금질을 계속한다. 그런 다음 만들 제품의 크기에 따라 시우쇠를 토막 내는 데, 이를 '깜을 잡는다.'고 한다. 깜을 잡은 뒤 화로에 넣어 풀무질로 쇠를 달궈서 수메를 들이고 날을 괸다. 다음에 괸 날을 오그리고 다듬어 자루를 박는다. 전통적인 대장장이가 호미 하나를 만드는 시간은 대강 한 시간가

량이 걸리지만, 근세 들어 기계로 한꺼번에 수십 개를 만들어 내기 때문에 대장장이는 점차 사라지게 되었고, 지금은 대장간과 대장장이를 거의 찾아 볼 수 없게 되었다.

이제 드디어 '모루' 얘기다. 이 글의 주인공이 이제 사 등장을 하니 서설이 또 중론이 너무 긴 것이 글의 논점을 흐려 조금은 안타까운 생각이 든다. 그래도 이 글의 화룡점정 그 점을 '모루'로 대신 찍어 넣기로 했다. 모루는 대장간의 중심이다. 풀무질로 달궈진 쇠는 반드시 이 모루 위에 올려 진다. 그 다음 옆 메 앞 메로 수십 수백 수천 번 메질을 통해 하나의 농기구 작품이 탄생하고, 이윽고 어느 농부의 선택을 받아 이 고을 저 밭두렁으로 팔려 나간다.

그런데 그 숱한 메질을 당해 내면서도 대장간 중심에 흐트러짐 없이 우뚝 서 있는 것이 있다. 바로 '모루'다. 우리 시대는 '모루' 같은 사람을 원한다. 모루 같은 생각, 모루 같은 행동을 원한다. 세상이 아무리 변하고 발전하여도 대장간 중심에 우뚝 서서 어떤 불만이나 불평 없이 참고 견디며 한 치의 오차도 허용하지 않고 그 소임을 완수 해 내는 모루. 그런 모루 같은 삶, 너무 가혹한가!

모기와 코끼리

　근심과 걱정이라는 놈은 세상을 살아가는 사람들에게 마치 오장육부와 같이 늘 함께하는 불청의 존재다. 그러하기에 이 근심과 걱정이라는 놈을 어떻게 떼어 놓느냐 여하에 따라 우리네 행복의 모습도 달라진다는 생각을 해 본다.

　세상에 갓 태어난 아기는 근심과 걱정이 없어 보인다. 배가 고프면 울면 해결되고 자신이 스스로 이뤄 놓은 것이 없기 때문에 잃을 것도 없으니 당연하겠지 하는 불필요한 연상까지 오른다. 성경 말씀 중에 '마음의 즐거움은 얼굴을 빛나게 하여도 마음의 근심은 심령을 상하게 한다'는 말이 있다. 또 사람들 중에 '어느 누가 염려를 한다고 해서 그 사람의 키를 한 자라도 더 키울 수 있느냐'는 말이 있는데, 그만큼 근심과 염려는 우리 삶에 결코 아무런 도움이 되지 않는다. 그럼에도 불구하고 사람들은 끊임없이 근심하고 염려한다.

　다 그렇지는 않지만 이른바 부富와 권력과 명예는 물론 가정과 가족 등등 무언가를 가진 사람이 근심과 걱정이 많은 경향을 띠고 있는 것 같아 보인다. 의당 그러한 것들을 지키고 유지하거나 더 키우기 위한 노력, 말이 좋아 노력이지 어쩌면 그런 욕심이 모여 근심과 걱정으로 점점 비화되는 것은 아닌지 모르겠다.

모기 뒤에 숨은 코끼리라는 책이 있다. 심리치료사이자 카운셀러인 에른스트프리트 하니슈와 심리학자이자 정신분석학자인 에바 분더러가 쓴 책이며, 40여 년간 수십만 명의 내담자를 치료해 온 저자가 발견한 "일곱 마리 코끼리" 모기 뒤에 숨은 코끼리를 찾아 마침내 우리의 내면과 마주 보게 되는 이야기이다.

이 책의 제목은 "모기를 코끼리로 만들지 말라"는 독일 속담에서 나왔는데 "어떤 작은 일에 너무 큰 의미를 부여하지 말라"는 뜻이란다. 책의 내용 중에 층간 소음에 관한 내용이 있는데 이는 우리에게도 심각한 사회문제가 되고 있어 그 관심과 귀추가 주목 되는 내용이기도 하다.

층간소음의 희생자이기도 한 주인공은 층간 소음과 관련한 아무런 행위도 하지 않았는데 오해를 받아 아래층 사람으로부터 심한 항의까지 받던 중 그 소음이 그 항의자의 바로 아래층에서 일어난 사건임이 확인되자 그 사건은 일단락되어 잠자리에 들었지만, 그 주인공은 "내가 잘못한 게 뭐지?"하며 점점 기분이 안 좋아지기 시작했고, 마침 집에 돌아온 남편이 그 말을 듣자 크게 화를 내며 내일 찾아가 따지겠다는 상황으로 치달았다. 그냥 넘어갈 수도 있는 사건이 점점 커지기 시작했다. 작은 모기가 코끼리로 자란 것이다.

저자는 모기가 코끼리가 된 데에는 그 안에 감춰진 원인이 있다고 진단한다. 그것은 어릴 때의 경험과 감정, 자라면서 형성된 유대 관계, 가족 안에서 인정과 존중 등이 흔적으로 남아 표출되는 것이라고 한다. 그래서 많은 현대인들이 불안과 우울증을 경험한다고 한다.

"너는 아빠 엄마 죽은 다음에나 집에 올래!" 대학 간다고 집 떠난 지 어느새 17~18년이 다 된 작은녀석. 그 세월 속에 집에 오거나 머문 시간은 열 손가락으로도 다 꼽을 수 있을 정도다. 수많은 우여곡절 끝에 가까스로 사회에 첫발을 내딛게 된 지 며칠이 지났는데도 도통 집에 올 생각조차 없는 아이에게 버럭 지른 테너 목소리 덕분에 자각(?)한 아이가 집에 왔다.

입으로는 근심하지 말자, 걱정도 하지 말자, 또 염려는 왜 해 하면서도 마음은 이에 순종하거나 복종하지 않는다. 모처럼 집에 온 아이를 붙들고 시종일관 염려를 쏟아 낸다.
물가에 심어진 나무는 그 뿌리를 강변에 뻗치고 있어 더위가 올지라도 두려워하지 아니하고, 그 잎이 청정하며, 가무는 해에도 걱정이 없고, 결실이 그치지 않는다고 한다.

우리 마음도 물가에 심자. 모기는 모기일 뿐이다. 모기에 불과한 아주 작은 근심과 걱정 또 염려는 보이는 순간 모기 채를 휘둘러 잡고 몰아내자. 지금의 이 순간이 내 생에 있어 가장 행복한 순간이라고 자기 자신에게 최면을 걸어 보자. 세상만사 마음먹기에 달려 있다고 하지 않던가!

중국인들에게는 '복'으로 인식되는 8자. 지난 8월 8일이 입추였다. 거짓말처럼 바람 한 점 없이 뜨겁던, 뜨겁다 못해 40도를 육박하던 무더위가 입추를 계기로 한풀 꺾였다. 선현께서도 '세월과 계절은 녹일 수 없다'고 하셨지만 정녕 실감이 나는 지혜의 말씀이다.

입추, 그 틈을 타고 부는 가을바람의 줄기가 점점 굵어지고 넓어지며 빈도도 많아지고 청량감에 시원함까지 나날이 증폭한다. 눈 들어 본 가을 하늘. 비칫빛 창공이 흰 구름을 물들일 기세에 내 마음이 먼저 물들었다. 파랗게!

그 바람결 타고 몰래 들어온 근심 하나, 이 글 흉보면 어쩌지…

못

얼마 전 선배의 암 투병 소식을 들었다. 평소 70이란 나이가 믿어지지 않을 정도로 건강하신데다 아직도 전국을 누비며 '봉사형' 직장 생활을 하고 계신 분이라 그분이 암에 걸렸다는 생각은 꿈에도 해 본 적이 없었다. 더구나 평소 자주 통화도 하고 식사도 나누고 그래 왔는데 지난해 11월 발병을 해서 금년 2월까지 총 스물여덟 번의 항암치료를 받고 퇴원해서 집에서 가료 중이라는 사실을 늦게야 알게 되었다. 사는 게 무에 그리 바쁘다고 가깝다는 선배의 투병 소식을 몇 달이 속절없이 지난 뒤에나 알게 된 것이다.

가까스로 통화가 됐다. "아니 형님 어떻게 되신 거예요?" "미안해 내가 한동안 연락을 못했어." 왠지 가늘어진 목소리 탓인지 내 귀가 어두워졌는지 좀 더 분명히 들어 볼 양 한쪽 귀를 전화기 속에 푹 담갔다. 이제 좀 가는 소리가 제법 굵게 들린다.

선배는 상상할 수 없는 아주 지독하게 고통스러운 암 투병을 치렀다고 한다. 나중에 안 일이지만 발병 진단을 받고 신변 정리는 물론이고, 재산 문제까지 다 정리해 놓고 수술대에 올랐다고 한다. 처음엔 코감기 정도로 알았단다. 이 병원 저 의원 전전해도 도저히

차도도 없었고 원인도 알 수 없었단다. 생각 끝에 서울의 큰 병원으로 긴급 후송을 가기에 이르렀다고 한다. 진단명은 '비인두암' 3기. 1-2기도 아닌 3기 판정은 모두를 깊은 절망에 몰아넣기 충분했고 다행히 불행 중에 한 줄기 희망이 솟아올랐다고 한다.

"아직 뼈에 전이가 되지 않았습니다. 환자분만 이겨내신다면 한 번 시도해 볼만합니다."

백척간두 벼랑 아래로 떨어지다 나뭇가지를 잡고 간신히 매달린 형국이었다고 당시 상황을 담담히 얘기한다.

그때부터 혹독한 항암치료가 시작됐다. 한 달에 한두 번 치료를 받아도 그 후유증이 이만 저만이 아닌데 장장 28회라는 상상도 못할 횟수의 항암치료가 두 달 사이에 집중됐다. 얼굴은 이미 완전 흑빛이고, 잇몸, 치아, 혀, 목젖은 물론 온 얼굴은 형체를 알아볼 수 없을 정도가 됐다. 도화지에 먹물을 쏟아도 이보다는 낫겠다 싶었다는 말로 긴박하고 견줄 데 없는 고통의 순간들이 몇 차례의 식사 만남을 통해 자세히 알게 되었다.

그런데 한 가지 형님도 모르는 기이한 얘기가 병실에 돌고 있었는데 그 얘기도 나중에 알게 되었단다. 그것은 의사가 입원할 때부터 항암 치료 하는 과정 내내 환자로부터 아프단 소리를 듣지 못했다는 것이다. 아니 의사가 환자로부터 아프다는 소리, 최소한은 신음 소리라도 들었음직도 한데. 하도 환자가 단 한마디도 아프단 소리를 안 하니 의사선생님이 "환자분 아프면 좀 아프다고 해야 저희가 거기에 맞게 치료를 하죠. 이제 제발 좀 아프다고 하세요." 하는 간청의 소리까지 듣게 된 경우도 있었다고 한다.

첫 수술대에 올랐을 땐 희망이 아주 없다고 생각했는데 전이 정도를 파악하다 뼈에 전이가 안 되었다는 결정적인 희망을 움켜쥐게 됐다고 한다. 인간의 견딤의 한계를 넘는 혹독한 항암치료 왜 아프지 않겠는가! 구토에, 두통에, 고열에, 허기에, 기진맥진의 정도를 지나 기절과 혼절에 이르는 수십 차례의 과정을 오직 그 한 줄기 '뼈에 전이가 되지 않아 살 수 있다'는 희망 그 희망 줄을 놓지 않고 견뎠다고 한다.

수술대 오르기 전에 모든 정리를 마친 터라 어떻게 보면 마음만은 홀가분해졌으리라. 투병의 모든 과정이 자신의 몫이 아닌 게 있던가! 부부간에, 자식 간에 단 한순간의 고통도 나눌 수 없는 오직 내 몫이라는 사실을 깨달았을 때 아마 선배는 아파도 아플 수 없었고, 지독한 내 몫 챙기기로 그는 다시 일어설 수 있었을 것이다.

어느 날 내게는 전혀 상관도 없을 것 같았던 코로나19의 불청객이 부지불식간에 내 안에 들어왔다. 코로나19에 확진되어 열흘 넘게 계속되었던 39도가 넘는 고열에 오한. 온몸을 어디에 어떻게 갖다 놓아야 할지 모를 정도의 감당키 힘든 근육통과 인후통. 게다가 구토 증세로 6일 연속 식사를 하지 못해 영양 주사에 의존하는 최악의 상황 속에서 그 선배의 항암치료 과정을 떠올렸다.
그러면서 "내 고통은 고통도 아니야"를 주문처럼 되뇌며 결국은 코로나19를 이겨 내고 승리한 귀한 원동력이 되었음을 솔직한 심정을 담아 고백한다. 그 과정에 한 가지 분명한 것은 '내 몫은 내 몫'이지만, 내 몫을 다하는 과정에 늘 함께 하는 것이 있다는 것이다.
나를 위한 가족과 이웃의 '사랑과 응원의 기도' 바로 그것이다.

시작과 끝

　세상엔 시작과 끝이 있다. 하지만 요는 어디서부터가 시작이고 어디까지가 끝인지를 좀처럼 분간해 낼 수 없다는 것이다. 어떤 작은 시작은 이를 숨죽여 간절히 기다리던 희망에겐 새벽 동쪽 하늘에 솟는 한 줄기 빛이다.
　시작은 용기다. 태평양 작은 파도가 망망대해가 두렵고, 자신이 일으킨 파도를 과소평가하거나 자신감이 없었으면 어찌 드넓은 대양을 호령할 수 있으리오! 아마 두려워 주저앉아 지나는 갈매기 한 방울 입가심이나 되었겠지.

　나는 세상에 와서 무슨 시작을 했나? 시작은커녕 지나는 파도 구경하다 무자비하게 휩쓸려 방파제에 코피 터져 내동댕이친 겉 물 신세! 용기가 없었을까? 시작은 해 본 적이 있긴 있는 건가? 여전히 혼돈 속에서 벗어나지 못하고 있다.

　우리에겐 수없이 많았던 저마다의 시작과 끝이 있었다. 나 자신의 시작이 아닌, 그렇다고 나 자신만의 끝도 아니었다. 모두의 시작이었고, 모두의 끝이었을 것이다. 다만 그들이 그들의 그 시작들과 끝을 기억하고 있는지가 자못 궁금할 뿐.

내 진정한 인생의 시작은 언제일까? 이미 시작이 된 걸까? 에이 이제 와서 시작은 무슨 대충 살다 가지. 너무 늦은 걸까? 자칫 시작이랍시고 이것저것 벌여만 놓고 얼버무리다 케케묵은 뒷정리나 하는 신세로 전락이나 하는 게 아닐까? 초반전 부둣가 갈매기 눈에도 안 들던 작은 물방울 하나가 여전히 대양을 향해 뛰어들지 못하고 쭈뼛쭈뼛 망설이고 있다.

나는 지금 어디로 가는 걸까? 60여 년을 나름 옳다고 한 시작의 끝은 다음 역을 향해 출발하는 시내버스에 불과했다. 그런 시작을 또 다시 해야 하나? '시작 강박 관념'에 너무 사로 잡혀 있는 건 아닌가? 끝을 생각해 보자. 인간은 누구나 막연한 끝은 존재할 수 있을지 모르지만 "내겐 끝이 없어, 오직 이 순간뿐이야!"를 외친다. 마치 불속을 날아드는 불나방처럼.

순간, 시작과 끝이라는 데 함몰되어 있는 짧은 내 인생을 생각해 본다. 인생이 그것뿐일까? 내 인생을 보다 값지고 보람 있게 가꿔 줄 의미 있는 가치는 없는 걸까? 그 가치를 위해 쉼 없이 기도를 한다.

아! 그 기도는 혼돈의 캄캄한 밤을 헤매던 내게 한 줄기 희망의 빛을 안겨 주었다. 그 빛은 내게 내가 누리고 지나온 모든 순간이 당연한 것이 아닌 은혜였다는 사실을 깨닫게 했다. 아침 해가 뜨고 저녁의 노을, 봄의 꽃향기와 가을의 열매, 변하는 계절의 모든 순간이 당연한 것이 아니라 은혜였다는 것.

내가 이 땅에 태어나 사는 것. 어린아이 시절과 지금 이 순간까지 숨을 쉬며 살며 꿈을 꾸는 삶이 당연한 것이 아니라 은혜였다는 것을.

내 삶에 당연한 건 하나도 없었고, 모든 것이 은혜였다는 그 진리의 눈이 나를 혼돈의 캄캄한 밤에서 벗어나게 했고, 충실한 내 삶의 토대 위해 이웃 사랑의 꽃을 피우는 그런 삶을 새롭게 시작하는 이정표가 되었다.

기다림

　나는 지금 무엇을 기다리며 살고 있나? 만약 그것이 행복이라면, 지금 이 순간 살아 있는 그 자체가 행복일 수도 있는데 이를 마다하고 나는 도대체 어떤 행복을 기다리고 있나? 살아오면서, 그래도 오늘보다 내일은 낫겠지 하며 맞이한 내일. 그 내일이 내일을 남기며 오늘이 된 날, 그날도 난 어김없이 또 다른 행복을 기웃대며 찾고 있다. 도대체 난 무얼 찾고 있단 말인가!

　요즘 초등학교 1학년생들의 꿈 중의 하나가 2학년이 되는 거란다. 60년대 두레박으로 퍼 올린 물 한 바가지로 한 끼를 대신하던 시절 탓인지 나이 아홉에 1학년이 된 내 꿈은 한 학년 더 올라가는 게 꿈 일 수 없었는지 눈 들어 보니 6학년 졸업생이 되어 있었다. 그때에도 내겐 내일이 없었다. 아니 있었는지 모르지만 마음속 너무 깊은 곳에 있어 미처 꺼내 펼칠 여력이 없었다는 표현이 더 적절한지 모르겠다. 그저 내겐 오늘만 있었고, 그 오늘에 무기력한 나를 맡길 뿐이었다.
　끊어질 듯 이어지는 한 줄기 생명 줄. 내게, 나의 근저에 그마저 없었다면 내 생명의 등불은 이미 오래 전에 꺼졌을 터였다.

수십 년이 흘렀다. 그 긴 세월 나는 오늘이라는 날에 주어진 행복을 철저하게 외면했다. 당연히 내가 찾고 기다리던 행복은 만날 수 없었다. 사십여 년 몸담았던 직장을 떠나던 날, 내게 남아 있던 내일도 떠났다. 공허한 눈동자 속으로 오늘 또 오늘, 오늘만 끊임없이 투영되어 흘렀다. 긴 한숨이 회한으로 물들어 가는 내 마음에 다시 질문을 던진다. 나는 지금까지 무엇을 기다리며 살았는가?

사람들은 모두 행복한 삶을 꿈꾼다. 누군가 행복을 정의하였다. 생활에서 기쁨과 만족감을 느껴 흐뭇한 상태를 행복이라고…그 말에 공감을 한다면, 한마디로 생활 속에 행복이 있다는 의미 아닌가!

생활 속에 배어 있는 행복! 우리가 매일매일 맞이하는 아침도 행복이고, 혼자 또는 가족과 더불어 먹고, 마실 수 있는 그 자체도 행복이요, 가족과 이웃과 나누는 대화 속에도 행복이 가득 담겨 있고, 자영업 현장에서, 또 저마다의 직장에서 나와 직장의 성장과 발전을 위해 열심히 일하는 그 순간에도 행복은 존재하고 있다는 말이다.

나는 행복을 너무 복잡하게 생각하며 살아왔다. 평범한 사람의 평범한 일상으로는 행복을 찾을 수 없다고 생각했다. 극히 형이상학적이고 다다를 수 없는 고차원적일 것이라는 생각으로 스스로를 속박했다. 그 굴레를 스스로 쓴 내 일생은 한마디로 행복 상실 시대였다.

나는 이 순간 또 생각을 한다. 그러면서 '평범하고 단순한 삶 속에 행복이 담겨 있다.'는 말에 공감은 한다. 하지만 내가 오랜 세월 찾은 '기다림의 끝'은 아니라는 생각을 한다. 평범하고 단순한 삶에 무언가를 더하고 싶다. 바로 '이웃 사랑, 이웃 섬김'이다.

내가 일생을 통해 기다려 온 것이 '보람된 인생'이었다면 내 남은 삶에 이를 더하면 어떨까? 그러나 결코 쉽지 않은 덧셈이다. 실행과 실천이 그것도 지속적으로 이어져야 하기 때문이다. 하지만 우선 생각만이라도 몸과 마음속에 담아내는 일부터 시작해 보자.

우리는 흔히 이웃을 말하면 '나' 아닌 다른 사람을 대상으로 여긴다. 인간의 본성이 자기중심적이기 때문에 누구나 다 그렇다 한다. 거기에 더해 사람들은 대개 '나만 잘 되면 된다.'는 생각에 지배를 당하며 살고 있다. 바로 이 생각이 우둔한 내 덧셈을 더디게 한다.

이웃의 사전적 의미는 서로 가까이에 인접하여 사는 집 또는 사람을 뜻한다. 그런데 만약 '이웃'이 바로 '나 자신'이라는 의미를 부여하면 어떻게 될까? 내 '이웃의 입장'에서 '나'는 그 분들의 이웃이니 말이다. 누구나 살아 온 인생을 돌아보면, 늘 풍요와 행복한 순간만을 이어 온 것이 아닐 것이다. 수많은 우여곡절과 질곡의 긴 터널을 지난 적이 한두 번이 아닐 것이다. 이는 나 자신도 삶의 과정에서 섬기는 사람도 될 수 있고, 또 섬김을 받는 사람이 될 수 있다는 의미일 것이다.

단순히 'Give & Take'의 제한된 생각의 영역을 조금 넓혀 '이웃 사랑, 이웃 섬김'이 바로 나를 사랑하고 나를 섬기는 일, 내가 오랜 세월 기다려 온 내 생의 남은 여정을 채울 '보람된 인생'을 보장받을 수 있는 일이라면 내가 이 순간 더 망설일 이유가 있을까?

삼십 년 넘게 살아 온 아파트. 아파트도 늙어가지만 나도 많이 늙어 가고 있다. 문득 엘리베이터 앞 거울 아래 광고 카피 하나가 눈에 들어온다. 행복! 너무 가까이 있어서 곁에 있는 줄 몰랐다고...

소소한 일상에 담겨있는 행복

덥다. 아주 덥다. 세상이 온통 이글거리는 태양에 빨려 들어가듯 타고 녹아드는 것 같은 더위다. 마치 용광로 속 같은 여름이다.

세상에 '행복'이란 것이 존재할까? 그렇다면 언제 어디서 그를 만날 수 있을까? 나는 세상에 행복이 존재하지 않는다는 생각을 하곤 한다. 마치 그것은 잠을 잘 때 꿈을 꾸며 마시는 물 같은 것으로 그 꿈속에서 마신 물로 갈증이 해소된 적이 한 번도 없었기 때문이다. 또한 어떤 '만족'이 '행복의 필수 조건'이라면 누구도 그를 만나기 쉽지 않겠다는 생각이 든다. 사람들의 욕심이 그 만족을 지배하기 때문이다.

고래로 세상의 많은 사람들이 행복에 대해 말하고 노래했다. 우리가 잘 아는 괴테는 행복에 대해 「기쁘게 일하고, 해 놓은 일을 기뻐하는 사람은 행복하다.」고 했고, 칸트는 행복을 세 원칙으로 나눠 「첫째는 어떤 일을 할 것, 둘째 어떤 사람을 사랑할 것, 셋째가 어떤 일에 희망을 가져야 한다.」고 말했다. 쉽기도 하고, 어렵기도 해서 좀처럼 풀리지 않는 갈증과도 같은 느낌을 주는 행복의 표현이다.

이런 저런 자료를 더 찾다 보니 한 사람이 눈에 들어왔다. 바로 독일 관념론 학파의 루터교 신학자 리차드 로테(Richard Rothe)다. 그는 행복이란 「사소한 것에서 기쁨을 발견할 수 있다는 것은 불행한 자의 고귀한 특권이다.」라는 말을 남겼다. 한마디로 '사소한 것에 행복이 담겨 있다'는 말 아닌가!

나는 글을 쓰는 사람이다. 글을 쓴다기보다 어쩌면 글을 조립하는 사람이라는 표현이 더 솔직한 고백이자 어울리는 표현이 아닐까 생각한다. 여하튼 부족하고 연약한 글이지만 기회 닿는 대로 나름 열심히 쓰고 있는데 괴테가 말한 것처럼 기껏 써 놓고 기뻐한 적이 별로 없었던 것 같다.

세상만사 마음먹기 달렸다고 하던가! 하도 사는 게 고되고, 힘들고, 다람쥐 쳇바퀴 돌 듯 어제가 오늘 같고, 또 오늘이 내일일 것 같은, 그날이 그날 같은 삶을 사느라 지친 탓에 행복이 없다고 생각해 온 내 마음에 무언가 소소한 기쁨들이 하나둘 찾아오기 시작했다.

드디어 그 첫 번째 기쁨이 찾아 왔다. 최근에 몸담은 문학회 8집에 올릴 글 두 편을 써서 카페에 올렸다. 문학을 한다는 거창한 생각보다 의무감이 앞서 쓴 얼기설기 조립한 내 글에 귀한 댓글이 달린 것이다. 누구나 자신이 쓴 글에 댓글이 달린다는 것은 반갑고 기쁜 일이 아닐 수 없을 것이다.

댓글 하면 추사 김정희 선생님의 세한도가 떠오른다. 세한도(歲寒圖)는 추사(秋史) 김정희(金正喜) 선생님의 대표작으로 그가 1844년

헌종10년 제주도에 유배되었을 때 그린 작품이며, 1974년에 국보 제18호로 지정된 작품이다.

이 작품에 댓글이 달려 있다는 사실을 10여 년 전 충남 예산에 있는 추사 고택과 추사 기념관을 방문하면서 알게 되었다. 세한도는 추사 김정희 선생님의 제자 이상적이 유배지인 제주도를 방문했을 때 그에게 그려 선물한 작품으로 김정희에게 세한도를 선물 받은 이상적은 그림의 끝에 닥종이를 이어 붙여서 이듬해인 1845년(헌종 11) 1월 청나라로 가지고 가서 청나라 문인인 오찬(吳贊)의 집에서 그를 환영하는 연회가 열리자, 이상적은 연회에 참여한 장악진(章岳鎭), 반희보(潘希甫), 조진조(趙振祚), 반증위(潘曾瑋), 장요손(張曜孫) 등 16명에게 세한도를 보이고 이어 붙인 닥종이에 그들의 찬시(讚詩)를 받았다. 이 귀중한 댓글이 오늘에 이어지고 있는 것이다.

댓글이 보배요 보물이 될 수 있다는 사실을 깨닫는 순간이다. 제주도에서 조각배로 험한 파도를 넘어 육지로 나와 한양까지, 다시 한양에서 청나라 수도 순천(지금의 베이징시)까지 1,300여 km를 지게에 책과 세한도를 소중히 지키며 걸어서 걸어서 오간 제자 이상적의 놀라운 행적! 기적 중의 기적이요, 불가능에 가까운 경이로운 '스승 사랑'은 이 시대를 사는 우리에게 엄청난 충격과 감동과 교훈을 안겨 주고 있다.

행복이란 결코 저절로 오는 것이 아니리라! 실천 즉 행동하는 자에게만 찾아온다는 참 진리를 마음에 새기고 지금 이 순간부터라도, 또 우선 동인들 작품부터라도 댓글은 물론이고 열심히 읽고 토론하는 실천적 노력을 할 것을 조심스레 다짐해 본다.

사소한 것, 소소한 일상이 행복이라면 그 첫 손가락을 꼽을 수 있는 것이 바로 손주들과 함께 보내는 시간일 게다. 예전에 사람들이 아들 바보니 딸 바보니, 또 손주 바보니 하는 말을 이해하지 못했던 시절이 있었는데, 누구에게나 마찬가지겠지만 손주들이 얼마나 예쁘고 귀엽고 사랑스러운지, 마치 그 바보가 되어 사는 시간이 이렇게 행복한 순간인지 미처 알지 못했다.

　며칠 전 둘째 손주를 낳고 1년여 출산과 육아휴가를 마친 며느리가 복직을 했다. 우리나라 출산율이 세계 꼴찌 수준이란다. 이를 극복하기 위한 여러 가지 처방이 나라 차원에서 또 지방자치단체 차원에서 앞다퉈 쏟아져 나오고 있다. 그러나 무엇보다 중요한 것은 실수요자 즉 혼인을 미루고 있는 분들, 특히 갓 태어난 아기 부모나 가족, 또 아기들을 키우고 있는 당사자들의 가장 긴요하고 급박한 사정을 듣고 거기에 맞는 대책을 내놓으면 출산율을 높이는데 나름대로 도움이 되겠다는 생각을 하게 되었다.

　그중 하나가 아기 부모에 대한 충분한 「육아시간」을 부여하는 것이라고 생각한다. 그 미비된 육아시간을 위해 춘천과 서울을 오르내리는 비상상황 속에서도 "이것도 행복이네, 그렇지 이 나이에 행복 중에 최고의 행복이지" 아내와 전철 환승역 벤치에 앉아 맞장구를 치고 있다가 눈앞 전철역 창틀에 써 붙인 시 한 편이 눈에 들어왔다.

　조기호라는 시인의 「토끼풀」이란 제목의 시였다.

〈사는 게 가시덤불이고 이슬 젖은 풀밭이라 평생을 허리 굽혀
네 잎 클로버를 찾았다
모두들 잘도 찾건만 나에겐 보이지 않았다 그게 아무것도 아닌
하찮은 토끼풀이란 것
여든 넘어 이제야 깨달았다〉

나도 누군가와 행복에 대해 얘길 할라치면 내 나름대로의 행복을 말하곤 했다. 바로「행복이란 언젠가 다가올 미래에 있는 것이 아니고, 또 산 넘고 바다 건너에 멀리 있는 것이 아니라, 지금 이 순간 내 마음 속에 내 호주머니에 있다.」는 생각이다. 그렇게 삶 속에서 수없이 반복하고 다짐한 행복인데, 나는 오늘도 행복을 찾아 이리저리 방황하고 있으니 이 어찌 이율배반이요 위선적 사고가 아니겠는가!

최근에 기분 좋은 소식을 들었다. 우리나라가 2024년도 1인당 GDP에서 일본을 앞질렀다는 믿기지 않는 소식을 들었기 때문이다. 자세한 내용을 살펴보니 우리나라 1인당 GDP가 34,165달러로 세계 31위인 반면 일본은 33,138달러로 세계 34위를 차지했다는 것이다. 물론 이 글을 쓰면서 우리나라가 일본을 앞질러서 행복하다는 얘기를 하려고 하는 것은 아니다. 당연히 상당히 고무적이고 기쁘고 반가운 소식이 아닐 수 없다.

흔히 '행복은 성적순이 아니요, 돈이 많다고 다 행복한 것은 아니다.'라는 말을 한다. 하지만 만족이 욕심에 지배를 당하고 있는 탓인지 '성적 높은 게 좋고, 돈 또한 많은 게 좋지'하는 반감이 드는

건 인지상정 어쩔 수 없는 현상 아니겠는가!

그런 반감에도 돈이 많다고 행복한 것은 아니라는 말을 입증이라도 하듯 1인당 국민소득이 높은 순서대로 행복의 순위도 매겨지지 않았다는 사실이다. 유럽의 경우 룩셈부르크 1인당 GDP가 131,384달러로 1위를 차지하고 있다. 그런데 2024년도 국가별 행복지수를 보면 1위가 소득이 가장 높은 룩셈부르크가 아닌 핀란드였고, 2위 덴마크, 3위 아이슬란드 순이었다. 우리나라도 1인당 GDP에서 세계 31위였지만 국가별 행복지수를 보면 일본보다 한 단계 아래인 52위를 차지하고 있었다. 행복이 소득과 비례하지 않는다는 통계를 접하면서 곧바로 그들의 행복지수가 점점 더 궁금해 졌다.

세계에서 가장 행복지수가 높은 핀란드나 덴마크, 아이슬란드 사람들은 어디에서 행복을 찾을까? 그 나라들은 늘 춥기에 많은 시간을 집안에서 보낸다고 한다. 그리고 거기서 행복을 찾는다고 한다. 가령 형형색색의 작은 양초들로 불을 밝히고 그 불빛 속에서 식사를 한다거나, 식사를 할 때도 충분한 대화 나누기, 함께 소파의 쿠션 만들기, 화단 만들고 화초 가꾸기 등등 아주 작은 것, 사소한 일상을 소중히 하면서 그 안에서 행복을 찾는다고 한다. 일례로 덴마크 사람들이 첫 월급을 타면 의자를 산다고 한다. 그 의자로 집안을 예쁘게 꾸미기 위함이란다. 어떤 거창한 성취나 업적에 행복이 깃들어 있을 것이라는 일반적인 생각과는 거리가 있었다.

요즘 세상의 화두는 '나'라고 한다. 내가 잘되고 나부터 행복해야 한다는 생각이 세상의 주류를 형성하고 나날이 그 영역과 지경이 점점 넓어져 가고 있다고 한다. '나'보다 더 중요한 것이 '이웃'이요 '이웃을 사랑하고 나누는 삶'이 더 중요하고, 온 인류가 이를 지향해야 할 불변의 가치임을 회복해야 하는 명제가 바로 여기에 있다는 생각이 든다.

구월, 가을이 열리고 벌써 열흘 남짓 흘렀다. 마치, 세상을 다 태울 기세의 폭염, 끝이 없을 것 같았던 뜨거웠던 여름도 하늘의 창조 원리와 섭리에 따라 지나가고, 그 끝을 따라 시원한 가을바람이 분다.「항상 기뻐하며 범사에 감사하는 마음으로 이웃을 사람하고 나눔을 실천」하는 소소한 일상, 그것이 바로 행복이라는 생각이 구름 한 점 없는 파란 하늘 위로 끝없이 올라간다.

아! 가을이다. 가을이야.

3부

눈에 넣어도 아프지 않은 사랑

사진 | 김진하 작가

첫 손자 도윤이 / 손자 도윤이와 은준이 이야기 / 손자들과 혼자 한 약속
사랑과 행복을 나르는 전철 여행 / 어떤 오해 / 3판 2승
저빌 / 사랑하는 아들 학영아 / 사랑하는 아들 문영아

첫 손자 도윤이

온 가족의 촉각이 서울로 갔다. 요즘 출산 연령대가 점점 늦어지고 동네에 아기 울음소리가 끊긴지 이미 오래. 37세 이르지 않는 나이에 의료진과의 사전 논의를 거쳤다지만 '자연분만'이 보통 어려운 일 아닌가! 아니나 다를까 입원한 지 24시간, 만 하루가 지났지만 아직 진통조차 없다. 아내와 서로 껌뻑대는 눈을 바라보니 조바심이 만면에 가득하다. 입원한 지 만 이틀이 지난 초저녁 무렵. 문득 날짜를 보니 6월 21일. 일 년 중 낮의 길이가 가장 길다는 하지. 하지(夏至)다. 하지 감자로도 유명한 하지의 의미는 계절적으로 여름 '하', 이를 '지' 여름이 이르렀음을 의미한다.

그 여름에 이른 날. 2021년 6월 21일 월요일 오후 7시 6분. 서울 서대문 하늘에 우렁찬 목소리가 울려 퍼졌다. 〔아빠 허학영♥엄마 김나영〕 사이에 첫아기가 난산에 난산을 딛고, 산모·아기 모두 건강하게 의료진의 환호의 박수를 받으며 태어난 것이다. 오호 기쁘고 기쁘도다. 아! 이 순간 세상에서 이보다 기쁜 일이 어디 있을까! 수고 많았다 우리 예쁜 며느리. 아가야 참 잘 왔다 우리 손자 부디 지혜롭고 건강하게 무럭무럭 잘 자라서 이 나라의 큰 인재로 성장해라. 덕담이 골 깊은 산속 옹달샘의 맑고 달콤한 청량수처럼 쉴 새 없이 터져 나온다. 선배 할아버님들의 말대로 정말 첫아들을 얻었을 때와는 또 다른 기쁨이다. 혹자는 그저 사는 게 바쁜 시절 귀하고 귀하게 태어난 아들임에도 그때 미처 다 쏟아붓지 못한 사랑을 이제 숨 좀 쉴 때 되니 아이들에게 못한 미안한 마음에 눈에 넣어도 전혀 아플 것 같지 않은 손자 사랑의 합이 가공할 위력의 시너지가 된 거라는데.

"허허 호호 기분 좋구먼 아주 기분 좋아" 우리 내외를 단번에 포섭한 이 녀석은 태명은 '꿀찌'다. 꼴찌가 아닌, 꿀단지의 준말 꿀·찌· 손자가 태어나면 집안에 바로 바보 한 사람이 생긴다는데 그게 바로 할아버지란다. 실시간으로 날아드는 새 아기 소식에 거의 혼쭐을 놓은 모양새다. 그도 그럴 것이 앙증맞은 손발에 오물거리는 입, 주변 아랑곳하지 않고 떡하니 내 뿜는 하품 어쩌다 미소 한 방 스치기만 해도 천하제일 행복감이다.

손자가 태어나면 가장 크고 중요한 일이 있다. 바로 아기에게 이름을 지어 주는 일이다. 원래 집안의 항렬에 따르면 가운데 자가 '이룰 성'인데, 아내는 아기에게 '성'자 만큼은 왠지 처음부터 거부 반응을 보였다. 왈가왈부하던 중 아기 이름을 아들과 며느리가 짓고 싶어 한다는 얘기를 얼핏 들었다. 나는 마음속으로 온유한 청년으로 성장했으면 하는 생각으로 혼잣소리로 "허온유, 허온유" 하고 다니다가 부르기 좋게 오뉴(oh new)도 괜찮겠네 하다가 아차 애들이 짓기로 했지 하며 내 궁리를 모두 접었다.
며칠이 지났을까 애들이 아기 이름을 지어 보냈다. 허락 허許, 길 도途, 진실로 윤允. 허·도·윤·이다. 쉽게 풀이하면 진실한 길을 걸어

가는 사람. 낳아 준 엄마 아빠가 지은 이름이고 의미도 좋으니 단박에 오케이다.

 벌써 신촌 세브란스에서 출산하여 2주간의 종로에 있는 조산원을 거쳐 중랑구 본가로 안착을 했다. 사부인께서 미리 싱크대를 교체하는 등 아기에게 예쁜 쉼터와 놀이 공간을 마련해 놓으시느라 온갖 정성을 다 쏟으셨단다. 예쁜 며느리가 보내 온 전과 후(Before & after) 사진이 그 정성을 오롯이 대변한다. 드디어 도윤이가 아빠 엄마의 신혼 보금자리의 새 황제로 등극했다. 더 이상 엄마 아빠 물건을 사사로이 쓸 수 없으며 오직 이 짐朕을 위한 일에만 쓰이도록 허용하노라!

 비단 물품만이 아니라 실생활 하나하나도 초점을 짐에게 맞출 것이며, 짐이 왜 얼굴을 찡그리는지, 짐이 왜 칭얼대는지, 짐이 왜 기분이 좋은지를 실시간으로 낱낱이 기록하고 유지하여 만천하에 공개하고 짐이 성장하고 발전하는 데 그 주춧돌로 삼으라! 추상과 같은 황명이 영일 없이 내려지니 그 예쁘던 며느리 모습은 어딜 가고 며느리의 황망 분주함만이 이내 할아버지 할머니 마음을 안타깝게 하는구나. 그래도 새 생명의 힘은 위대하다. 지상 최고의 위력이다. 모든 힘듦도 모든 분주함도 모든 근심과 걱정까지도 한 순간에 녹는다.
 사랑으로. 도윤이라는 어여쁜 손자의 이름으로!

손자 도윤이와 은준이 이야기

　큰며느리 입원 소식을 듣고 급거 상경을 했다. 큰아이 아파트에 도착하니 며느리는 이미 병원에 입원한 후다. 둘째 손자를 출산하기 위한 입원이다. 공부하느라 직장 구하느라 조금은 늦은 나이에 혼례를 치른 큰아들 내외. 예외가 드문 맞벌이 부부다. 첫 손자는 지난 2021년 6월 21일 여름이 시작된다는 하짓날 오후 7시 6분에 태어났다. 이름을 '도윤'이라고 엄마 아빠가 지었다.

　첫 손자를 본 후 지난 시간은 나와 내 아내에게는 마치 사춘기 소년 소녀가 첫사랑에 빠진 양 그야말로 '손자 홀릭의 시대'였다. 지난 2년여의 시간이 온통 도윤이와 함께 한 흔적과 발자취로 가득하다. 휴대전화 안에도 첫 손자 도윤이 사진과 동영상으로 빼곡하다. 도윤이 백일 때와 돌 때는 물론 춘천 동면 구봉산의 카페, 석양 노을이 곱게 지던 신북읍 지내리 카페 앞마당을 공놀이 하며 뛰어놀던 도윤이 모습이 담겨 있고, 단팥빵이 특히 맛있는 신북읍 사거리 인근 유기농 빵 카페에서 비누 방울 놀이를 하며 깔깔 웃으며 너무도 신나하던 도윤이 모습도 고스란히 들어 있다. 이제 그 도윤이에게 사랑하는 동생이 생기게 된 것이다.

나이 70이란 피할 수 없는 순간이 먼발치에서 우물쭈물거리더니 어느 틈에 어깨너머까지 다가와 힐끗대는 공허한 시기. "이제 더 나이 들어 가는 일만 남아 있구나!" 하며, 누군가가 쉼 없이 보내오는 문자로 "이젠 자신을 위해 살아보세요."하는 권면이 무의미하게 다가오던 시기. 바로 그때 찾아온 귀하고 놀라운 축복의 선물이 바로 첫 손자 도윤이다.

첫 손자! 누구나의 할머니 할아버지처럼 세상에서 가장 예쁘고 귀엽고 사랑스러운 손자를 볼 때마다 "신은 우리 인간을 행복하게 하시는 계획을 가지고 계신다."는 말이 실감나게 다가온다. 더불어 70을 곁에 둔 공허는 어느새 사라지고 그 자리를 기쁨과 즐거움이 차지한다.

지난해 9월인가 며늘아기로부터 둘째 손자 잉태라는 기쁜 소식이 들려왔다. 그렇지 않아도 "큰 손자 혼자면 이 다음에 외로울 텐데 어쩌나" 걱정 아닌 걱정을 하던 중에 당도한 희소식이니 그 크고 놀라운 기쁨을 어디에다 비교하겠는가!

둘째 손자는 여름이 신록으로 한창 무르익어 가는 지난 2023년 7월 1일 오전 9시 40분에 서울 세브란스 병원에서 태어났다. 호주나 뉴질랜드에서는 산모가 35세가 넘으면 일명 '노산'이라고 진단하고 산모도 아기도 위험할 수 있기 때문에 정부에서 1:1로 전담 의사와 의료진을 배치하고 섬세한 보살핌을 통해 안전하고 건강한 출산을 돕는다고 하는데, 하는 걱정 중에 며느리도 다행히 병원의 담당 주치의와 의료진의 각별한 정성으로 산모도 아기도 건강하게 '순산'을 하게 되었다. 나와 아내는 물론 사돈댁을 비롯한 모든 가족들이 마음을 졸이며 기도를 거듭했는데 그 소식에 너무도 기쁘고 감사해 "감사합니다."를 연발했다.

은준(殷准)이.
둘째 손자의 이름이다. 첫 손자 도윤이 처럼 은준이 이름도 엄마아빠가 지었다. 대부분의 가문이 다 그렇지만 우리 김해 허문(金海許門)도 예외가 아니어서 대를 거듭할 때마다 이름에 돌림자를 쓴다. 필자를 기준으로 할아버지 대는 '만(萬)' 자, 아버지 대는 구(九) 자, 필자 대는 남(南) 자, 아들 대는 녕(寧) 자, 손자 대는 성(成) 자를 쓴다. 대신 일명 족보라고 하는 「허씨대종보(許氏代宗譜)」에는 돌림에 맞는 이름을 지어 올려 후손들에게 장구한 역사를 가진 가문의 시작 즉 「뿌리」를 알게 하고, 계승하고 발전시키는 노력을 하고 있는데 언젠가 대종보 개정 소식이 오면 돌림에 맞는 이름이 어느 자가 좋을까 생각을 하곤 한다.

김해 허씨(金海 許氏)의 시조 허염(許琰)은 가락국 수로왕비인 허황옥(許黃玉)의 35세손으로 전하며, 둘째 왕자인 거칠군(居漆君)의 후손이다. 그는 고려 중엽 삼중대광(三重大匡)이며, 가락군(駕洛君)에 봉해졌다고 한다. 이 기록은 '우리역사넷'이나 '한국민족문화대백과사전', '위키백과' 등에 상세히 수록되어 있는데 이 다음에 우리 손자들이 뿌리찾기에 대한 관심이 생기면 한번 찾아보았으면 하는 기대와 염원을 담아 이 글에 몇 줄 남긴다.

큰며느리가 3일간의 병원 입원 기간을 마치고 2주간의 일정으로 산후조리원에 입원했다.

그 동안도 나와 아내는 아들네 집에서 큰손자를 돌보며 마치 밀월 같은 시간을 보냈다. 물론 마음은 밀월이지만 몸은 이리 뛰고 저리 달리는 손자가 넘어질세라 부딪칠세라 다칠세라 노심초사로 마디란 마디는 온통 아프고 저렸지만 어디 손자 돌보고 안아보는 기쁨만 하겠는가!

처음엔 첫 손자로 시작된 아내와의 서울 전철 여행이 이제 둘째 손자가 생기니 그 빈도가 크게 늘어났다. 우스갯소리로 아들 내외는 우리에게 손자를 안심하고 맡길 요량에, 나와 아내는 보고 싶은 손자들 실컷 볼 수 있는 기대가 서로의 손익분기점으로 맞아떨어져 그 빈도가 계속 늘어나고 있는 추세다.

어제 그러니까 2023년 8월 19일 오후 경춘선 전철을 타고 아내와 같이 큰 아들네 아파트에 당도하면서 그 빈도 하나를 더했다. 아들네 도착할 때마다 예외 없이 큰 손자가 "하지, 하미"를 부르며 깡충깡충 뛰며 크게 반기는데 이 날은 아파트에 들어서자마자 "쉿"하는 며느리의 수신호에 목소리를 낮추니 마침 늦은 낮잠에 들었단다.
"오호, 그럼 우리 은준이 맘 놓고 실컷 보겠네." 하며 부랴부랴 손을 씻고 가글을 하고 은준이 방에 들어갔다. 어느새 한 달 하고도 19일째를 맞이하는 은준이가 신생아 태를 벗고 동그랗고 티 없이 맑은 눈으로 하지하미를 쳐다보며 조금씩 옹알이까지 한다.
살이 토실토실 오른 몽실몽실한 팔과 다리는 또 왜 이리 귀여운지, '눈에 넣어도 아프지 않다'는 말이 정녕 실감이 난다. 급상경의 여독은 이미 녹아 사라진 지 오래다.

한 시간도 채 되지 않아 잠에서 깬 큰손자와 경기도 포천까지 왕래하는 드라이브 여행 끝에 유난히 "생선맘마"를 좋아하는 밥을 먹이고 만 26개월 된 큰손자의 즐거운 연주회 끝에 큰손자를 재우고 한숨 돌린 늦은 시간. 우리 내외와 아들 내외가 식탁에 앉아 밀렸던 얘기 보따리를 풀어 놓는다. 서로의 사는 얘기 끝에 육아의 어려움에 대한 솔직한 얘기가 식탁에 오른다. 직장과 육아의 여러 가지 어렵고 힘든 상황들. 들어볼수록 한편 우리도 예전에 다 겪은 일이기도 하지만 "정말 힘든 시기구나" 깊은 공감대가 저절로 형성된다. 자연스럽게 고령출산에 대한 추세와 나라의 출산 육아 정책에 대한 아쉬움도 함께 화두로 오른다.

얼마 전에 아주 쇼킹한 한 기사를 접했다. "대한민국 완전히 망했네요. 와! 그 정도로 낮은 수치의 출산율은 들어본 적도 없어요." 평생을 여성과 노동, 계급문제 연구에 헌신한 조앤 윌리엄스 캘리포니아주립대 법대 명예교수가 최근 EBS「다큐멘터리 K-인구대기획 초저출생」제작진으로부터 2022년도 한국의 합계출산율이 0.78명(2004년부터 16년째 세계 꼴찌)인 것이란 사실을 듣고 머리를 감싸 쥐면서 쏟아 낸 말이다. 이대로 가면 한국은 2750년 국가가 소멸할 위험이 있다고 재차 강조한다.

그 소식을 접하니 둘째를 출산한 우리 며느리가 더 대단하고 자랑스러워 보인다. 그만큼 이 윌리엄스 교수의 경종을 큰 교훈으로 삼아 있으나 마나하고 실효성이나 지속 가능성도 없는 일회성 출산 육아 정책을 과감히 내던지고 그야말로 획기적이고 전폭적이며 대대적이고 지속 가능한 정책을 마련하고 조속한 시일 내에 실행에 돌입했으면 좋겠다는 격앙된 내 얘기에 며느리가 빙긋이 웃으며 "우리 아버님 최고!"하며 맞장구를 친다. 일과 육아의 힘든 하루 일과에도 좀처럼 내색을 하지 않는 아들 내외를 잠자는 아기 곁으로 밀어 넣고 나도 거실에 누워 이 생각 저 생각 끝에 손자들에게 마음의 편지를 쓴다.

사랑하는 우리 손자 도윤아, 은준아
너희는 이 할머니 할아버지의 남은 생을 행복하게 보낼 수 있게 해 준 은인 중에 은인이란다. 너희가 오기 전엔 이 할머니 할아버지에게는 더 이상 남아있는 꿈이 없었단다. 그런데 너희가 우리 곁에 와서 너희로 말미암아 새로운 희망이 생겼고 앞으로 새롭게 할 일도 참으로 많이 생겼단다.

언제 어디서나 보고 싶은 은준아 도윤아
앞으로 엄마 아빠, 그리고 할머니 할아버지와 함께 즐겁고 신나는 일 많이 만들어 보자꾸나.
시간 나면 바둑도 배우고, 알까기도 하고, 자전거도 타고, 테니스도 배우면서 함께 즐겁고 재미난 시간 함께 보내보자꾸나. 조금 더 크면 이 명소 저 맛집 여행도 다니고, 등산도 하고 겨울이면 눈사람도 만들면서 예쁜 추억도 많이 만들어 보고, 밤이면 천문대에 가서 우리 손자들 좋아하는 별도 보고, 봄꽃 여름꽃 가을 단풍 만발한 시골길 걸으면서 도윤이 은준이 보러 온 나비와 잠자리들과 춤도 추고, 너희가 좋아할 나이가 되면 온 가족 손잡고 영화도 보고, 연극도, 공연도 함께 보며 하나님이 창조하신 아름다운 세상 위해 노래하고 덩실덩실 춤도 추어 보자꾸나.

우리들의 아름다운 미래 소망인 도윤아, 은준아

아빠 엄마와 할머니 할아버지의 소원은 너희가 무엇보다도 안전하게 그리고 건강하고 지혜롭게 무럭무럭 잘 자라는 것이란다. 그리고 항상 기뻐하며, 쉬지 말고 기도하고, 범사에 감사하는 마음과 자세로 우리 이웃을 위해 늘 배려하고 이해하고 사랑하는 아름다운 삶 살아가길 매일매일 기도하고 있단다.

도윤아 은준아, 은준아 도윤아 사랑한다.
네 증조할머니가 살아생전 말씀하시던 것처럼 "엄청나게"~

손자들과 혼자 한 약속

내게는 누구나의 할아버지 할머니처럼 세상에서 가장 예쁘고 사랑스러운 두 명의 손자가 있다. 큰손자는 24절기 중 여름이 시작된다는 하지 2021년 6월 21일에 태어난 『도윤』이와 2년 뒤인 2023년 7월 1일에 태어난 『은준』이 이렇게 둘이다.

세상에서 가장 지키기 어려운 약속 중의 하나가 있다. 물론 필자 기준이다. 그 약속은 바로 내가 나와 한 약속이다.

춘추시대(春秋時代), 노(盧.로)나라에 미생고(尾生高)란 사람이 있었는데 이 사람은 어떤 일이 있더라도 약속을 어기는 법이 없는 사람이었다고 합니다. 어느 날 미생고는 사랑하는 사람과 어느 다리 밑에서 만나기로 약속하고 미생고는 그곳에서 기다리고 있는데 웬일인지 그녀는 나타나지 않았다고 합니다. 그런데 갑자기 장대비가 쏟아져 개울물이 불어나기 시작했고 수위는 점점 높아져 무릎을 넘고 허리를 지나 턱밑까지 차올랐는데도 미생고는 약속 장소를 떠나지 않고 기다리다가 결국 교각을 끌어안은 채 익사하고 말았다고 합니다.

나는 약속을 말할 때면 이 미생고의 이야기가 떠오르면서 저렇게까지 지켜야하나 하는 반문을 하곤 했지만, 살아오면서 내가 한 약속은 가능한 최선을 다해 지키고자 무진 애를 썼던 기억이 있다. 그러던 중에 하나님께서 보내주신 사랑과 축복의 선물 도윤이와 은준이를 감동과 감사로 만나게 되었고, 소중한 만남이 거듭되는 과정에서 마음속으로 혼자 손자들과 몇가지 약속을 했다. 그러면서 이번 약속은 미생고라는 분처럼 지키겠다는 다짐을 하면서 입가에 번지는 알 수 없는 미소로 그 증명을 대신하기로 했다.

손자들과 혼자 한 약속! 다름 아닌 다음과 같은 내용들이다.
"언제 어디서나 보고 싶은 은준아 도윤아, 앞으로 엄마아빠, 그리고 할머니 할아버지와 함께 즐겁고 신나는 일 많이 만들어 보자꾸나.
시간 나면 바둑도 배우고, 알까기도 하고, 자전거도 타고, 테니스도 배우면서 함께 즐겁고 재미난 시간 함께 보내 보자꾸나. 조금 더 크면 이 명소 저 맛집 여행도 다니고, 등산도 하고 겨울이면 눈사람도 만들면서 예쁜 추억도 많이 만들어 보고, 밤이면 천문대에 가서 우리 손자들 좋아하는 별도 보고, 봄꽃 여름꽃 가을 단풍 만발한 시골길 걸으면서 도윤이 은준이 보러 온 나비와 잠자리들과 춤도 추고, 너희들이 좋아할 나이가 되면 온 가족 손잡고 영화도 보고, 연극도, 공연도 함께 보며 하나님이 창조하신 아름다운 세상 위해 노래하고 덩실덩실 춤도 추어 보자꾸나."
여하튼 나는 비록 혼자 한 약속이지만 그 약속을 하나 둘 잘 이행하고 실천해서 훗날 손자들로부터 소위 정치인들의 "공약 사항 이행"에 대한 국민들의 평가를 받듯 손자들로부터 "약속 사항 이행"에 대한 평가를 받고 싶은 마음에 이 글을 쓴다.

약속 사항 이행보고회 때 보고하고 평가받을 항목은 기본적으로 12개 항목이다. 그런데 약속 사항의 대부분이 유아기를 벗어난 시기에 시작할 수밖에 없는 것들이어서 이 글을 쓰는 현재 약속사항 이행률은 0%에 불과하다.

요즘 나는 제2, 어쩌면 제1의 인생 황금기를 보내고 있다. 그것은 매주 주말이면 서울에서 손자들이 아름다운 호반의 도시 춘천을 방문하기 때문이다. 정확히 말하면 춘천에 있는 할머니 할아버지를 만나러 오기 때문이다. 손자들이 춘천에 온다는 소식을 받기 무섭게 할머니는 며느리와 아들이 좋아하는 메뉴와 특히 손자들이 좋아하는 메뉴를 위해 득달같이 장보기에 나선다. 원래 어수선한 집 치워도 그만 정리해도 거기서 거긴 집을 치워라 정리하라 진두지휘를 하는 모습은 흡사 치열한 전장의 맨 앞에 선 장수의 모습 바로 그 위용이다.

"도착 5분전" 문자가 도착하기도 전에 할머니 할아버지는 아파트 주차장에 나가 마음속에 주단을 깔고 스스로 군악대원이 되고 예포를 발사하는 포수가 되어 의전 요원답지 않게 이리저리 서성이다가 "할머니!, 하지(할아버지)!" 손자들의 목소리에 천하를 다 얻은 듯한 반가움으로 두 명의 손자들을 번갈아 안아 보며 영접을 한다.
큰손자가 가장 좋아하는 것은 키즈 카페다. 가장 많이 가 본 곳은 춘천시에서 운영하는 「춘천 꿈 자람 어린이공원」과 「춘천시립공공도서관 내 장난감도서관」을 비롯해서 안 가 본 곳이 거의 없을 정도로 많은 키즈 카페에서 손자들과 즐거운 시간을 함께 보내고 있다.

큰손자는 물놀이도 정말 좋아한다. 처음 가 본 곳이 춘천 서면에 있는 '카페 알로하' 물놀이장이었는데 아기들 물놀이에 알맞은 곳이라 두 번 정도 가 보았고, 최근엔 춘천시에서 시민들을 위해 설치해서 운영 중인 '춘천 시민의 숲 물놀이장'을 방문해서 함께 즐거운 시간을 보내기도 하였다.

이제 조금만 더 크면 본격적인 약속 이행 사업에 착수해 볼 심산을 해 본다. 그런데 세상사 다 그러하듯이 그렇게 쉬운 일만은 아닌 것 같다. 천진난만했던 아기들도 점점 자라면서 원하던 원치 않던 간에 아가들에게 부여되는 과제들도 늘어나고 비례해서 춘천에 내려오는 기회도 조금씩 줄다 보면 더더욱 어렵게 될지 모른다.

사랑과 행복을 나르는 전철 여행

"빨리 달려, 춘천역에서 출발했대!"

아내의 호령 소리에 놀라 남춘천역 2층 통과 게이트를 달리듯 통과했다. 그런데 정강이 부분을 가로막는 막대 같은 무언가가 나를 저지했다. 하지만 순간 나는 돈키호테! 이를 무시하고 달리는 아내 뒤를 따라 3층 탑승장으로 달음질쳐 올랐다. 숨이 턱에 차다는 말 이럴 때 쓰나보다. 과연 춘천역을 출발한 전철이 남춘천 역사로 들어오며 나처럼 숨을 몰아쉰다. 만일 이를 놓치면 2~30분을 기다려야 한다는 생각에 체면이고 절차고 무시한 채 전철을 타고 나서 겸연쩍은 모습으로 아내를 바라보니 역시 멋쩍은지 빙긋 미소가 귀에 걸린다.

언제 전철을 탔었지? 생각해 보아도 잘 떠오르지 않는 걸 보니 정말 오랜만에 타는 건 맞는가 보다 생각했다. 그래서 그런지 탑승 후 전철은 움직이는데 아직 자리도 못 잡았다. 자연스럽게 두리번대는 시야에 이곳저곳 빈 좌석이 보였지만 나와 아내가 잠시 이별해야만 앉는 자리다 보니 선택을 못 하다가 아내와 내 눈이 비어 있는 경로 우대석을 향했다. 바로 "거긴 안 되잖아" 내 말에 "당신 65세 넘었잖아"하는 게 아닌가. "그렇지, 그러네"하면서도 그 자리에 내가 앉으면 안 된다는 생각이 나를 머뭇거리게 했다. "안 되긴 뭐가 안 돼, 되고도 남지" 떠미는 아내의 손길에 밀려 결국은 그 자리에 앉았다. "어흠" 잔기침을 하면서...

우리 내외에겐 도윤이라는 이름의 첫 손주가 있다. 그 아기가 태어난 날이 지난 2021년 하짓날이었으니 벌써 두 돌이 갓 지났다. 나를 보고 '하지'라고 부르는 천하에서 제일 예쁘고 귀여운 손주 도윤이. 그 도윤이 동생 출산이 임박하다는 급전을 받고 허겁지겁 나선 길이다.

어느새 전철이 장내 아나운서의 고운 목소리에 따라 김유정역에 닿았다. 창 너머 멀리 춘천의 명산 금병산이 보이고, 그 자락으로 김유정문학촌이 한눈에 펼쳐진다. 구인회 후기 동인이기도 한 김유정은 1908년 이곳 실레마을에서 태어나 병마를 극복해 가며 각고의 노력 끝에 '한국문학의 대작가'로서 그 위상을 떨치며 쉼 없는 작품 활동을 하다가 1937년 초봄 그 숱한 병마와 약을 살 돈마저 구할 수 없는 극심한 가난을 이겨내지 못하고 삶을 마감했다. 그 회상에 순간 먹먹한 슬픔이 내 명치 끝에 와 탁 하고 걸린다. 강촌역을 향해 달리는 건너 창밖으로 북한강이 흐른다. 그 물줄기 따라 김유정 작가의 산골나그네, 총각과 맹꽁이, 소낙비, 노다지, 필승전 그리고 사후 발간된 동백꽃의 감동이 맑고 청정한 물줄기 되어 도란도란 흘러내린다.

6월의 산하는 푸르다 못해 아예 녹색 물감으로 흩뿌려 놓았다고 해야 할 정도로 짙푸르다. "산모도 아기도 건강하게 안전하게 잘 출산을 해야 할 텐데" 염려 반 걱정 반에 순간순간 두 손을 모아 기도를 하며 달리는 전철 여행 중에 끝없이 이어지는 신록의 향연을 바라보며 "지구상에 과연 춘천만큼 아름다운 곳이 있을까!" 하는 생각이 자신도 모르는 어깨 추임새로 이어진다. 김유정역을 출발하면서 흘러나온 안내멘트의 여운이 채 가시기도 전에 강촌역에 스르륵 둥근 바퀴를 세로로 세워 놓는다. 7~80년대 대한민국 청년들과 대학생들의 휴양과 캠핑의 성지나 다름없던 강촌역은 옛 모습 그대로인데 왕래하는 사람들은 그리 많지 않아 보였다. 낮 시간대라 그런지 발길 뜸한 강촌역을 지나고 아름다운 휴양지가 있는 백양리역을 거쳐 근래에 새로 생긴 굴봉산역에 잠시 머물다가 전철은 가평역을 향해 달려간다.

북한강을 아래위로 나누어 놓은 경춘대교를 건너면서 펼쳐진 북한강의 비경은 예나 지금이나 눈부신 와우! 하는 탄성을 터뜨리는 바로 그 모습 그대로다. 남도, 서도, 중도 등 여러 개의 섬으로 이루어져 있는 섬, 바로 자라섬의 환상적인 꽃 정원과 캠핑장 너머 멀리 남이섬도 보인다. 한국인이 꼭 가 봐야할 관광100선 중의 하나이자 동남아는 물론 세계적인 관광지로 그 위상을 뽐내고 있는 남이섬! 그 섬을 가로로 지나 상천과 청평역을 향해 미끄러진다.

경춘선 전철역은 춘천역에서 시작하여 청량리역까지 24절기를 닮은 총24개 역으로 되어있다. 그중 우리 큰 아들네가 사는 신내 역은 춘천에서 열여덟 번째 역이다. 경기도에 속하는 가평, 대성리, 마석, 천마산, 평내호평, 금곡, 사릉, 퇴계원, 별내를 지나면, 서울시에 새로 편입되었다는 의미도 있는 신내, 바로 그 신내 역

인근에 아이들이 산다. 사랑하는 큰아들과 큰며느리, 첫 손주 도윤이 그리고 오늘 내일 출산이 예정되어 있는 아기 그렇게 넷이다.

세상에서 가족, 특히 아이들, 그중에서 손주를 만나러 가는 일만큼 기쁘고 행복한 일이 어디 있을까! 행복이 어디 다른 데 있겠는가! 아내와 둘이 경로석에 멋쩍게 앉아 여행하는 이 전철 여행, 워낙 에어컨이 빵빵해서 반팔 입고 탑승한 게 후회스러울 정도의 냉방시스템, 매 순간 다른 모습으로 스쳐 지나가는 역과 역의 모습과 풍경들. 비록 예외 없이 휴대폰을 보고 있지만 바삐 사는 사람사람들. 승하차를 거듭할 때마다 달라지는 우리 전철 칸의 남녀노소 아름다운 모습들. 이런저런 주머니 속의 행복을 음미하느라 경로석의 불편함도 덜어진 순간 전철은 고대하던 신내역에 도착했다.

부랴부랴 계단과 에스컬레이터를 타고 출구 게이트에 도착한 순간. 탈 때 뭔가 몰랐던 가로 막대가 지금은 웬만한 군대 힘으로도 뚫기 힘든 장벽처럼 나를 떡하니 막고 있다. "여길 어떻게 지나가지?" "그냥 나와" 하는 아내 말에 마치 도둑이 담을 넘는 듯한 느낌이 들어 아내에게 부탁해서 아무도 보이지 않는 역무실 창구를 통해 "누구 안 계세요" 서너 차례 요청을 하니 잠긴 문이 열리며 역무원 한 분이 나오셨다. 자초지종을 얘기하니 친절하게 내 신분증을 요청했다. 65세 넘는 경로우대자! 사실과 다름없다는 사실에 힘입어 자신 있게 신분증을 쑥 내밀었다. 자세히 살피더니 경로우대자의 전철 탑승에 대해 안내를 한다.

그분을 통해 알게 된 내용이지만, 경로 우대자가 전철을 무료로 타기 위해서는 두 가지 방법이 있단다. 제일 좋은 방법은 거주지 주거래은행에 가서 '복지교통카드'를 발급받거나 또 하나는 동전 500원을 준비해서 게이트 앞에 비치된 경로 우대 1일카드발급기에 신분 확인 후 500원을 넣고 카드를 발급받아 사용하고 내릴 때 동전 환불기에 교통카드를 넣으면 500원을 환급받는 방법이 있다는 안내를 받고 매우 기쁜 마음으로 신내역을 뒤로 두고 아들네 집을 향해 달리다시피 걸었다. 전철 여행으로 가까워진 덕분에 아내와 손을 잡고.

점점 빨라지는 걸음 길에 갓 태어난 둘째 손주의 우렁찬 목소리가 벌써부터 들리는 듯하다. 대한민국 출산율 0.78. 1도 한참 미달한 심각한 지경에 둘째 아이를 출산하게 될 큰며느리의 결심과 아기와 가족 사랑이 너무도 고맙다. 내 전화번호에 세상에서 첫 번째라는 의미로 「ㄱ예쁜 나영이」로 올려놓은 우리 며느리!

엄마 아빠가 엄청 사랑한다 며늘아기야!

어떤 오해

　소스라치게 잠에서 깼다. 아직은 미명. 새벽 세 시. 눈 비비고 거실로 나온 눈이 불빛 쪽을 향한다. 아이 방에서 스며 나온 형광등 불빛을 보고 "이젠 왔겠지" 하며 노크를 하는 둥 마는 둥 살며시 문을 열었다. 아까 자정 넘어 보았던 주인 없는 빈 침대. 덩그러니 놓인 그 침대만 여전했다. 아이가 없다. 다 큰 아이지만 이젠 걱정이 밀려온다.

　그제 예비군 중대에서 갑작스럽게 훈련 통지가 왔다. 그 소식을 전해들은 큰아이는 한달음에 달려왔다. 3년 넘도록 공부에 매달리느라 피곤을 매달은 눈매가 안쓰러웠다. 평소 눈여겨보았던 소문난 식당. 평소 큰아이를 무척 아껴주는 처가댁 식구들과 함께 마주한 삼계탕. 뜨거운 김 모락모락 나는 한 그릇을 뚝딱 비우는 모습에 내 배가 다 부르고 흐뭇하다.

　"너무 늦지 않을게요." 맑간 웃음을 지으며 친구를 만나러 나간 녀석이 여명이 다 되도록 돌아오지 않았던 것이다. 잠 못 이루고 뒤척이던 아내는 다시 전화기를 붙잡는다. 통화 연결을 누르고 연신 문자도 보내 본다. 대답 없는 전화기. 조바심이 난 아내가 불켜진 큰아이 방에 들어가 널브러진 책이며 공책을 이리저리 뒤져 본다. 서가 옆에 쓰러져 있던 가방까지 뒤적이다가 아내가 기겁을 한다. "이게 뭐지?" 아내가 불쑥 내민 건 주사기. 시선을 마주친 우리는 잠시 말을 잃었다. "우리 몰래 나쁜 짓 하는 거 아냐" 부지불식간 튀어나온 말에 지레 놀란다.

잠은 이미 달아났다. 다림질 중에도 아침식사를 준비하면서도 아내는 잠시 잠깐 넋을 놓는다. 그리고 내쉬는 한숨. 내 마음도 무겁다.

이리저리 찾아낸 끝에 겨우 녀석 친구와 연락이 닿았다. 10분 전 쯤 집으로 갔다는 말에 묵직했던 마음결이 새털처럼 가볍다. 10분이 100분처럼 지나간 후 상기된 모습으로 집에 온 큰아이가 제 엄마와 두런두런 얘기를 나눈다. 애써 못 본 체 하고 그제야 다시 잠을 청해본다.

깜빡 잠이 들었나 싶었는데 현관 초인종 소리에 무거워진 눈꺼풀을 힘겹게 들어 올린다. 새벽기도를 다녀온 아내를 붙들고 "아까 그게 뭐래?" 돌아온 답이 길었다. 노량진 고시촌에서 취업 준비생으로 지낸지 햇수로 4년. 반겨 주는 사람 없는 하숙생으로 독서실을 오간 외로운 시간들. 우연히 데려온 햄스터를 식구로 의지했단다.

빈방으로 들어오면 반갑게 맞이하는 친구 햄스터. 그는 우유를 먹고 자랐고 주사기는 그의 수저였다. 그 예쁜 햄스터가 우유를 허겁지겁 맛있게 먹는 모습을 보며 하루의 피로와 고독을 날려 보내곤 했단다. 그런데 그 햄스터가 그만 세상을 떠났단다.

그것도 모르고…. 그 얘기를 전하는 아내의 물 고인 눈. 그 속에 있던 큰아이 어깨 위의 고통의 무게가 내 마음 속으로 고스란히 투영된다.
 아! 어느새 내 눈에도 눈물이 맺힌다.

3판 2승

　중2. 큰아이가 다니는 독서실에서 연락이 왔다. 사춘기를 심하게 앓고 있던 터라 독서실에 간다는 큰아이가 툭하면 책과 가방을 남겨 두고 어디론가 간다는 얘기를 듣고 독서실 주인에게 신신당부한 바로 그 전화다. 장탄식을 뒤로하고 아내와 함께 독서실로 급한 발걸음을 옮겼다. 역시 빈 의자에 가방이 주인이 되어 있고, 책상 위에는 절반 정도 펴 놓은 책이 아이를 기다리고 있다.

　아내와 눈짓을 나눈 후 독서실 밖 익숙한 PC방을 향해 계단 위에 "이 녀석이"하는 노여움을 뿌리고 달려 그 PC방 출입문을 조용히 열었다. 늘 그 자리. 큰 아이가 게임 모니터에 빠져들어 있다. 처음이 아닌데도 엄마 아빠를 소스라친 눈빛으로 쳐다보던 큰아이. 더 이상 게임이 어렵다는 실망한 모습과 미련이 느릿느릿 마지못한 뒷걸음이 된다.
　당연 뒤따르는 엄마 아빠로부터 쏟아지는 무차별 집중포화. 세상에 어느 요새가 그 포화를 견딜까! 그 포격으로 무참히 피폭된 큰아이의 상처 난 심정. 부모로서 어찌 느끼지 아니할 수 있으랴!

　세월이 많이 흘러 그 큰아이는 세상에서 제일 예쁜 신부를 맞아 축복의 혼례를 치르고 역시 세상에서 가장 예쁜 아기를 둔 아빠가 되었다. 그 사랑스럽고 대견한 모습을 볼 때마다 마음 저 끝부터 밀려오는 미안함과 아쉬움의 파도는 그러잖아도 작은 나 자신을 더욱 작고 부끄럽게 만든다.

3판 2승! 또 다른 아버지가 똑같은 상황으로 독서실에 들렀다가 PC방으로 달음질한다. 그 기세로만 보면 그 앞을 누구든 막을 수 없는 기세다. 그 기세등등한 발걸음에 제동을 걸 요량인지 그의 아내가 그를 추월해 PC방문을 거칠게 열어젖힌다. 역시 언제나 그 자리에 그들의 중2가 게임을 하고 있다.

창과 방패! 아이들을 위해 엄마는 늘 방패가 된다. 아버지는 아이들에게 부모가 어떤 공격을 가해도 다 이겨내고 극복해 낼 수 있는 능력이 있다고 믿는다. 한 발 더 나가 또 그것이 아이들을 강하고 바르게 키울 수 있다는 그 당시는 알 수조차 없는 그릇된 믿음을 품고 있다.

물론 지극히 부분적이고 나만의 생각으로 의당 치부될 수 있다. 그 아버지의 질풍노도와도 같은 예봉을 꺾을 양인지 그 아이를 부르는 엄마의 날카로운 음성이 마치 비명이라도 지르는 듯했다. 그러나 큰소리는 그게 끝이었다. 갑작스런 사태에 PC방에 있던 모든 시선이 한곳으로 모아졌다. 어머니의 아이 위한 선제 방패가 효과가 있었는지 그 아버지는 소리를 지르지 않았다. 오히려 PC방 주인에게 의자를 요청하여 아이 곁에 나란히 앉았다. "아빠랑 한 판 할까?" 놀란 아이. "정말로 아빠?" "그럼 정말이지." "대신 아빠가 이기면 게임 그만하고 공부하기다." 게임하면 같은 또래에서 둘째가라면 억울해할 정도라는 아이에게 이 얼마나 놀랍고 흥분된 제안인가! 더군다나 게임이라면 근처에도 안 가 본 아빠 아닌가! 물론 즉석에서 무조건 OK.

첫 판이 시작됐다. 아이의 호기와 기대와는 달리 아빠의 승리! "아빠 게임에 단판이 어디 있어 게임은 3판 2승이지." 아빠의 우연의 승리라고 여겼던 아들의 수정 제안에 아빠도 또 다시 OK. 둘째 판도 아빠의 승리! 엄마 아빠와 함께 PC방을 나서는 아이. "엄마아빠 나 이제 더 이상 게임 안하고 공부 열심히 할게요! 혹여나 아들의 마음이 상할까봐 남편과 동행을 순간순간 후회하던 엄마의 근심어린 얼굴도 어느 순간 기쁨으로 환하게 펴져 있다.

아이를 향한 진정한 사랑. 그 사랑을 이루기 위한 그런 지혜는 어디서 왔을까? 세상의 모든 부모. 아이를 사랑하지 않는 부모 아마 찾기 힘들 터. 다만 그 사랑을 위해 지혜를 쏟고 노력을 다하는 모습. 정말 진한 감동을 느끼지 아니할 수 없다. 물론 그 아빠도 아이의 모든 것을 알고 있었다. 또 주위 많은 부모들이 뾰족한 해결책을 찾지 못하며 겪는 공통의 과제이자 안타까움이다.

그런데 이 아빠에게 그 지혜가 찾아왔다. 아이들, 심지어 외계인들의 놀이라고 치부했던 게임에 "나도 한 번 해볼까" 하는 생각에 정식 도전장을 낸 것. 1년여라는 기간 친구들과의 모임이나 여행 일체를 접어 두고 꽤나 실력있는 게임코치를 물색해서 그의 지도 하에 열심히 공부를 하고 대결도 하면서 글자 그대로 피눈물 나는 늦은 노력으로 실력을 키웠단다.

오직 중2. 사랑하는 아이를 위해!

저빌

　저빌은 우리 가족이다. 내가 처음 저빌을 만난 것은 금년 그러니까 2018년 7월 초쯤으로 기억된다. 서울 노량진 고시촌에서 오랜 세월 모진 고생 끝에 사회에 첫발을 내딛는 귀한 결실을 이룬 큰 아이의 얼마 되지 않을 이삿짐을 나르러 갔을 때이다.

　대한 청년들의 취업문만큼이나 좁은 노량진 뒷골목 길을 수없이 돌고 돌아 겨우 큰아이 하숙집 앞에 도착을 했다. 새벽녘이라 오가는 사람도 없어 이 골목 저 골목을 기웃대다 가까스로 찾은 하숙집은 얼기설기 산발을 한 전봇대를 옆구리에 끼고 앉은 오래된 이층집이었다.
　가파르고 좁은 계단을 내려오시던 연세가 꽤나 되어 보이시는 할머니를 통해 재차 확인한 큰아이 방문을 열었다. 짐이라곤 이불 한 채와 고통의 흔적이 진하게 스며 마른 베개, 그리고 쓸모없는 잡동사니가 전부였는데, 며칠 굶은 사람처럼 부실한 네 다리 탓인지 흐느적거리는 침대 곁에 커다란 상자가 하나 자리 잡고 있었다.
　조심스럽게 상자 덮개를 열어 보니 여러 마리의 다람쥐들이 갑작스러운 불청객에 놀랐는지 공포 가득한 눈으로 우리를 쳐다보고 있었다. 처음엔 나도 소스라치게 놀랐다가 가만히 들여다보니 쥐도 아닌 것이 그렇다고 다람쥐도 아닌 모습을 하고 있는데 맑고 예쁜 눈이 첫 눈에 귀엽게 들어왔다.

"얘네들 아니었으면 아마 큰아이가 진즉에 시험을 포기했을지도 몰라요." 하시는 하숙집 할머니는 이유를 묻기도 전에 다음 말씀을 이어 가셨다.

하루를 시작할 때도, 또 늦은 밤 독서실에서 하숙집에 돌아왔을 때도, 봄부터 가을까지 내내 치렀던 시험에 실패했을 때도, 낙엽이 지고 찬바람이 불어 깊은 고독의 골짜기에 깊이깊이 곤두박질칠 때도 큰아이 마음을 달래주고 위로가 되어 주었던 녀석들이 바로 얘네들이라고.

그렇게 어찌 보면 가장 귀한 이삿짐이 된 저빌 일가족이 저빌 집째로 춘천으로 이사를 했다. 좁은 집에 저빌 일곱 식구들이 살아 불편하겠다는 생각을 하던 차에 어미 아비만 남기고 장성한 새끼 다섯 마리를 가까이 지내는 이웃에 분양을 했다. 그리고 나니 넓은 저빌 집에 두 부부만 달랑 남게 되어서 그 모습이 마치 자식 잃은 노부부 마냥 적적하고 처량해 보이기까지 했다.

그때부터 본격적인 저빌 공부를 시작했다. 큰아이의 "정말 잘 키워주셔야 해요." 절절한 부탁이 가장 큰 동인이 되었다. 저빌, 일명 사막다람쥐의 고향은 아프리카다. 인류와 마찬가지로 아시아를 고향으로 둔 녀석들도 있다. 설치류에 속하는 저빌의 털 색은 대개 흰색, 회색, 밤색 등의 단색과, 흰색과 밤색 등의 혼색을 띠고 있다. 저빌의 임신 기간은 약 20일 정도며, 생후 2개월이 넘으면 임신이 가능하다. 보통 3~6마리의 새끼를 낳으며 많을 때는 10마리 이상도 낳는다고 한다.

저빌의 먹이는 애완동물의 일종인 햄스터와 비슷해서 저빌용 사료를 장만해서 먹이면 되고, 기타 야채나 과일을 주면 된다. 먹이를 비축하는 습성이 있어 여기저기 늘어놓는 것을 좋아한다. 수분 보충은 야채를 주어도 되지만, 가급적 물을 비치하는 것이 좋다. 장기간 물을 먹지 못하면 건강상 문제나 수명이 단축될 수가 있다. 또한, 설치류로서 이가 계속 자라기 때문에 이갈이 용품을 넣어 주어 이갈이를 하게 해 주어야 한다.

저빌의 평균 수명은 3~5년 정도로 알려져 있는데, 대부분이 2~4년 정도를 산단다. 암·수구별은 생후 7주 정도 되면 암·수구별이 확실히 가능하며, 수컷들은 고환이 뚜렷이 보이며, 살짝 꼬리를 들어보면 항문과 생식기와의 거리가 멀면 수컷이고, 가까우면 암컷이라고 한다. 그리고 수컷은 엉덩이가 뾰족한 편이고, 암컷은 둥근 편이다. 저빌의 성격은 어울려서 사는 것을 좋아하기 때문에 두 마리 이상 함께 키우면 좋다. 햄스터와는 달리 한마리만 키울 경우 우울해하고 외로워 할 수 있단다. 무리를 지어 놔도 성격이 부드러워 서로 싸우거나 하는 일이 적지만, 반대로 사람과는 친해지기가 그리 쉽지 않다고 한다. 아주 예민하고 겁이 많아서 끈기를 갖고 친해지기를 시도하는 것이 좋다. 사람이 자주 만지는 것을 그리 좋아하지 않는다.

저빌은 집안에 많은 것을 두지 않는 것이 좋다. 왜냐하면 달리고 파헤칠 공간이 충분한 것을 좋하하기 때문이다. 저빌은 꼬리가 길기 때문에 꼬리가 끼일 수 있는 쳇바퀴나 움직이는 장난감은 피하는 것이 좋으며, 웬만한 나무나 플라스틱 종류는 다 갉아 버리거나 구멍을 내기 쉽기 때문에 이너하우스는 점토로 만든 항아리나

사기 종류가 좋다. 플라스틱류의 햄스터 집은 저빌에게 적합하지 않다. 가급적 어항이나 수족관 형태의 집이 좋다. 저빌은 모래 목욕을 아주 좋아한다.

 저빌들은 잡으려 할 때 도망가야 정상이다. 손바닥 위에 놓았을 때, 호기심을 가지고 이리저리 움직여야 한다. 눈은 크고 맑아야 하며, 털은 부드럽고, 꼬리는 몸길이 정도로 길어야 하며, 전체적인 체형이 마르고 튼튼해 보여야 건강한 저빌이라고 한다. 여기까지가 내가 공부한 전부인데 아직도 공부하거나 배울 점이 많은 게 저빌이다.
 얼마 전 아내의 외마디 비명이 휴대전화를 후려쳤다. 놀라 되묻는 질문 끝에 저빌 수놈이 죽었단다. 순간 잘 키워 달라 신신당부하던 큰아이의 음성이 뇌리를 뚫고 나오고, 혼자 남은 저빌 걱정에, 죽은 수놈 장사 지낼 걱정이 한꺼번에 몰려왔다. 조금 이른 퇴근길. 저빌 집 한구석에 수놈이 미동 없이 누워 있다. 비닐장갑을 끼고 조심스레 들어보니 먼지보다 가볍고 얼음보다 차가웠다. 순간 우리네 인생도 이와 다를 바 없겠다는 생각이 허전한 마음에 허황함을 더하게 했다.

 며칠 후 이번엔 아내의 환희 가득한 목소리가 전화기에 가득 찼다. 혼자 남아 있던 저빌이 새끼를 낳았단다. 부랴부랴 집에 와 들여다보니 저빌이 사는 이너하우스 입구를 단단히 막고 출입조차 하지 않아 한동안 어미나 새끼 모습은 볼 수 없었다.
 한 사나흘은 흘렀을까 한쪽 눈이 퉁퉁 부은 어미가 집에서 나와 미리부터 놓아 둔 먹이를 먹기 시작했다. 아내의 걱정 어린 전화를 받은 큰아이가 '피곤하거나 힘이 많이 들면 그런 증상이 오는데 곧 나을 거'라는 설명에 안도의 한숨을 쉬었다.

마치 손자를 본 양 사람이 먹는 잣도 넣어 주고, 햅쌀도 넣어 주고, 물도 자주 갈아주고, 바닥 깔개도 두툼하게 깔아 주고, 부드러운 채소나 마른 곶감에 온갖 정성을 넣어 주었다. 그 정성 덕분인가 드디어 저빌 이너하우스에서 새끼 두 마리가 선을 보인다. 저들 아비의 죽음 뒤에 새 생명이 탄생한 것이다. 작고 앙증맞은 것이 귀엽기 짝이 없다. 하루가 다르게 커 가는 저빌. 맑고 초롱초롱한 눈망울 그 선함과 귀여운 모습은 세상 누구도 흉내 낼 수 없을 정도이다.

저빌의 출산 소식을 전해 들은 큰아이. "엄마, 몽골 저빌은 일부일처제를 하는 동물이래. 얘 네들은 평생 한 명의 배우자와만 짝을 짓고, 짝을 잃으면 새로운 짝을 찾지 않는다네. 그리고 서로 어울리는 걸 좋아해서 가족 간의 화목도 남다르대."하며 밝은 목소리를 남긴다. "저빌, 미물(微物)이 아닌 미물(美物)일세!" 혼잣말을 하는 방안에 기쁜 미소가 가득 찬다.

사랑하는 아들 학영아

 사랑하는 아들아
 아빠는 너에게 아빠의 관심과 사랑이 한없이 필요할 때 공직이라는 직장 일로, 이러 저러한 핑계로 그 관심과 사랑을 주지 못한 것이 평생 후회와 미안함으로 남아 있구나. 미안하다 정말. 네 나이보다 적게 남은 아빠 엄마의 남은 삶을 통해 다만 하나라도 더 관심을 갖고 너의 아름다운 미래, 곱고 예쁘고 행복하게 사는 모습, 그것을 보는 것이 소망이라면 바로 그것이라고 말하고 싶고, 애쓰고 싶구나.

 사랑하는 큰아들아
 네 아내와 네 첫아들 도윤이 그리고 둘째 아기는 정녕 하늘이 내린 사랑과 축복의 더없이 고귀한 선물이란다. 얼마나 예쁘고 감사한지 세상 무엇과도 바꿀 수 없는 귀중한 보배이자 너희들과 함께 아빠 엄마의 생명보다 존귀한 사랑, 바로 그 사랑이란다.

 사랑하는 우리 큰아들아
 아빠 엄마는 감당키 힘든 난관을 뚫고 우리 큰아들이 대한민국 최고의 도시 서울에서 소중한 일터를 구하고, 그 일터 주무 부서에서 근면하고 성실한 자세로 그동안 갈고닦은 능력을 유감 없이 발휘하면서 천만 서울 시민을 위해 일하는 네 모습이 너무도 대견하고, 자랑스럽고, 네 이름을 부를 때 마다 입가에 미소가 지어지고 어깨가 으쓱해지는 그런 고맙고 감사한 힘을 얻는 단다. 비단 아빠 엄마뿐만 아니라 자녀를 둔 세상의 모든 부모님들도 다 같은 마음, 다 같은 심정이리라 생각이 드는 구나.

고맙다 고맙구나 아들아
그 일터에서 일을 하다 보면 많은 중압감과 스트레스가 쌓여 건강을 해칠 수 있으니 각별히 유의하고, 안전 지키고, 건강 특별히 잘 지키길 바라며, 삼백예순다섯 날 아빠 엄마 너희들 위해 쉼 없이 기도하고 있음을 기억하고, 너도 늘 기뻐하고, 쉬지 말고 기도하며, 범사에 감사하는 매 순간 순간이 되도록 힘쓰면 좋겠구나.

세상에서 제일 예쁘고 사랑스러운 우리 큰며느리이자 네 어여쁜 아내, 그리고 세상에서 가장 예쁘고 귀엽고 소중한 도윤이, 그리고 축복의 새 아기 알뜰살뜰 잘 보살피고 세심하게 배려하고, 아빠가 너희들에게 지난날 못다 한 관심과 사랑 듬뿍 쏟고 쏟아 세상에서 가장 즐겁고 행복하고 멋진 가정 잘 만들어 나가길 바란다.

앞으로 새 아기도 태어날 텐데 아빠 엄마도 사랑으로 더 많은 관심과 노력 기울여 볼게.
힘내 아들! 아빠엄마 생명 다해 사랑 한다 아들아. 고맙다.

사랑하는 아들 문영아

어느 날 문득 우리 문영이에게 편지를 보내야겠다는 마음이 들어서 벼르고 벼르다 이 글을 쓴다.

늘 곁에 있어 편지 쓸 겨를도 없었지만 지난 2월 말에 집을 떠나 6개월여 떠나 있으니 편지 한통 진작 보냈어야 하는데 이제야 보내는구나. 그런데 이 편지도 무정하게도 아버지로서 우리 문영이에게 보내는 첫 번째 편지가 아닌가 싶구나.

공부하느라 여념이 없겠지만 틈을 내서 한번 읽고 조금이나마 힘이 되었으면 한다. 뉴스를 보니 대학수학능력시험 응시원서 접수가 9월 1일부터 시작된다고 하는구나. 가뜩이나 중압감에 시달리는 네게 이 말부터 서두에 넣어 어떨는지 모르겠구나.

사랑하는 우리 아들 문영아

너도 베이징 올림픽 소식을 보고 들어 알겠지만, 난 이번 올림픽에서 가장 기억에 남는 사람은 유도 한판승의 사나이 최민호 선수라고 생각한다. 대회전에 우연히 중앙일보를 보는데 최민호 선수

기사가 실렸더구나. 그 기사에는 그 선수의 어려웠던 환경과 피눈물 나는 노력의 과정이 고스란히 녹아들어 있더구나. 그리고 그 노력의 결실이 베이징 하늘에 태극기를 높이 게양하는 영광된 순간으로 빛나는 장면을 보고 나도 모르게 가슴 뭉클한 감동을 느꼈단다.

그리고 그 후 최민호 선수와의 인터뷰 기사에서 경기에 임할 때 어떤 마음과 자세였냐는 질문에 "그동안 최선에 최선을 다해서 훈련을 해서인지 이상하리만큼 한 경기 한 경기 할 때마다 마음이 참으로 편한 상태에서 경기를 했다"고 답변을 하더구나.

우리 문영이도 다 아는 지극히 일반적인 이야기로 들릴 수도 있겠지만 난 그 말이 내 뇌리에서 떠나질 않더구나. 문영아 수능시험을 앞두고 세상에 그 어떤 좋은 말을 해도 단어 하나하나 문장 한 구절 한 구절이 모두 부담이 된다는 사실을 아빠는 잘 알고 있다.

그렇지만 앞서 예로 든 최민호 선수 얘기 중에서 단 한마디 "경기 할 때마다 마음이 참으로 편한 상태에서 경기에 임했다."는 말 바로 그 말을 문영이에게 해 주고 싶었다.

사랑하는 우리 아들 문영아

시험을 앞두고 무엇보다 우리 문영이 마음이 편했으면 좋겠구나. 어쩌면 오랜 수도 생활로서도 편해질 수 없는 것이 사람의 마음인데, 공부에 피로에 지친 네게 마음을 편히 가지라는 것이 얼마나 얼토당토않고 힘든 말인지 잘 알고 있다.

하지만 무심(無心)중에 마음을 편히 갖는 노력을 하다 보면 자신도 모르게 마음 저편부터 어떤 고요함이 네게 다가와 네 마음을 시나브로 편안하게 해 주는 현상을 체험하게 된단다.

사랑하고 자랑스러운 우리 아들 문영아

나나 엄마는 어렵지만 네가 최선을 다하는 것, 그것만 있으면 된다. 이 말은 결과에 대해 미리 걱정하고 근심하고 부담을 결코 느끼지 말라는 말이다. 옛말에도 진인사대천명(盡人事待天命)이라고 '사람으로서 자신이 할 수 있는 어떤 일이든지 노력하여 최선을 다한 뒤에 결과는 하늘의 뜻을 받아들여야 한다.'는 금언도 이를 잘 뒷받침해 주고 있지 않나 싶구나.

모처럼, 아니 우리 문영이에게 쓰는 첫 번째 아빠 편지가 왜 이렇게 딱딱하고, 또 마음 편히 해 주려고 쓴 편지가 또 다른 부담은 되지 않았는지 하는 걱정이 앞서지만, 다 이해해 주리라 믿는다.

사랑하는 문영아

어느덧 '하늘은 높고 말은 살찐다'는 천고마비의 계절 가을이 왔구나. 독서하기 좋은 계절이기도 하지만, 아침저녁으로 기온차가 심해 몸살감기에 걸릴까 걱정이 되는 시기이기도 하다.

늘 손과 발을 청결히 하고, 자주자주 양치질도 하는 등 몸을 청결히 하고 마음을 편하게 가지면 감기 정도는 능히 물리칠 수 있단다. 또 한 가지 지혜는 감기 기운이 있으면 초기에(약사와 상담해서) 약을 먹는 일인데 아빠도 그 효과를 톡톡히 보곤 했단다.

옛말에 '호미로 막을 일을 가래로도 못 막는다.'는 말도 있지 않니? 여하튼 건강관리가 무엇보다 중요한 만큼 각별한 신경을 쓰도록 해라. 그리고 더불어 사는 세상사에서 가장 지혜로운 단어는 이해와 용서, 그리고 배려라는 세 단어이다. 이해와 용서는 신(神)의 영역이라 할 정도로 실천하기가 매우 어렵지만, 그런 말을 가슴에 새기는 일 정도로도 소기의 목적은 이루는 셈이 되고, 특히 앞으로 세상을 살면서 우리 문영이가 마음에 새기고 행동에 옮겨야 할 것이 바로 '배려'라는 말이다.

'배려'는 최근 사회를 이끌어가는 리더십에서도 가장 으뜸으로 치는 덕목인데, 나 아닌 남과 이웃을 위한 '따뜻한 배려'는 남과 이웃을 기쁘게 하지만, 오히려 배려를 하는 자기 자신의 마음을 더 흐뭇하고 행복하게 해 주는 마력을 지니고 있단다.

이런 차원에서 우리 문영이가 더불어 사는 모든 사람들에게 밝고 친절하게 대해 주고 상대방의 입장에서 생각하고 배려하는 마음을 365일 늘 간직하고 실천에 옮겼으면 하는 바람을 가져 본다.

아무쪼록 아빠의 이 편지가 사랑하는 우리 문영이에게 부담보다는 힘과 용기와 희망의 디딤돌이 되길 바라고, 다시 한 번 늘 건강

유의하고, 마음 편히 갖고, '하면 된다.'는 '할 수 있다'는 강한 자신감을 가지고 남은 시간 잘 보내기 바란다.

4부

고난 끝에 사는 희망

사진 | 김진하 작가

코로나19 투병기 / 사필시종의 인생 -그 2막을 열다 / 달콤한 의암호
봄내 고을, 그 여름의 끝자락에서 / 아내의 고추 사랑
7번 버스 / 편지 / 두무리 / 사암포럼과 바둑이야기

코로나19 투병기

2021.6.23.(수) 오전 8시 21분경 춘천시보건소에서 Web 문자 메시지가 왔다. 어! 문자도 읽기 전 나도 모르게 튀어나온 소리다.

> [춘천시 보건소(유증상QR접수)] 결과 귀하의 이동 동선 상 확진자와의 밀접 접촉이 우려되오니 즉시 가까운 보건소 선별진료소를 방문하시어 검사를 받으시기 바랍니다. (방문 시 필히 문자를 보여 주시고 검사를 받으신 후 자택에서 격리 유지해 주시기 바랍니다.)

문자를 받자마자 아내와 나는 가슴 철렁 설마하는 마음을 안고 보건소로 향했다. 아홉시 전인데도 긴 줄이 보건소 길 밖까지 줄지어 서 있다. 검사를 마치고 귀가해서 주차장에 내려가 급한 일과 짐 정리를 하고 집에 들어섰더니 아내의 불안 가득한 청천벽력이 집안을 쩌렁 울린다. "둘 다 확진이래!" 얼른 휴대전화기를 보니 과연 확진 문자가 도착해 있는 게 아닌가!

> [Web발신][춘천시보건소]
> 허O석님의 코로나19 검사결과 양성/확진입니다. 전화 받아 주세요.

순간 가슴이 요동치면서 요 며칠 많은 사람들을 만났는데 그 분들 걱정이 밀려오기 시작했다. 어디서 어떻게 실마리를 풀어야 할지 온통 머릿속이 노랗고 뒤죽박죽이다. 우선 눈앞에 계신 92세 고령의 어머니. 순간 코로나란 놈이 인륜마저 무참히 짓밟고 앗아가는 극악무도한 존재란 생각에 이르자 우선 보건소에 거동이 불편하신 어머니의 출장 검사를 긴급 요청했다. 다행히 보건소의 신속한 배려로 바로 검사가 이루어졌는데 한집에 계셨으니 열에 아홉은 확진이 나올 텐데 하면서도 그것은 생각조차하기 싫은 최악의 시나리오라는 생각에 고개를 절레절레 흔들었다. 미처 숨도 몰아쉬기 전에 또 보건소에서 문자가 다시 들이닥쳤다.

[Web발신]

[춘천시보건소]안녕하세요, 귀하는 21-06-24(목) 원주의료원에 오후에 이송예정이며 입원 안내 드립니다. *이송 요원이 사전 연락 후 모시러 갈 예정이며, 변동 시 재 안내 드리겠습니다. 언제든 이송.갈 수 있게 준비해 주세요.(점심 식사도 미리 해 주세요.)

코로나 병동 입원 시 필요한 물품 목록
※모든 물품은 퇴원 시 다 가지고 가셔야 합니다.※
〈입원물품〉
-세면도구(남자는 1회용 면도기 준비) : 치약, 칫솔, 샴푸, 비누 등
-퇴원 시 갈아입을 옷 : 비닐 봉해서
-이불 : 퇴원 시 가지고 갈 이불(병원에서 이불을 따로 주지 않습니다.
　　　　침대 매트리스는 시트만 깔려 있습니다.)
- 지참 약 : 20일분 정도(처방전 있으면 가지고 오세요.)

- 핸드폰 충전기
  - 병실에서 입을 수 있는 평상복
  - 속옷, 수건(10일 이상 사용할 수 있는 양)
  - 물티슈, 갑 티슈
  - 필요시 기저귀, 틀니
  - 종이컵 1줄 정도
  - KF94 마스크: 15개
  - 병실에서 신을 슬리퍼

〈금지 및 주의사항〉
  - 과도, 컵라면, 담배, 라이터, 전기용품(전기장판, 커피포트, 가습기)
    반입 금지
  - 홍삼이나 건강식품 (치료 시 섭취 제한 합니다.)
  - 유제품 (우유, 두유, 요거트 등) : 설사하는 경우가 많습니다.
  - 외부음식 배달 불가

　일목요연한 문자를 받고 나서야 코로나19에 확진된 사실이 현실로 다가왔다. 귀가 어두우셔서 아무것도 모르시는 어머니는 저것들이 어미가 보기 싫어서 떠난다고 몽니를 부리셔서 아무리 목청을 높여 말씀드려도 이해시켜 드릴 길이 없다. 다만, 양구에 사는 막냇동생에게 부탁을 해서 만약 확진이면 후송을, 음성이면 보건소 허락을 받고 양구로 모시기로 약속을 하고 나니 조금은 마음이 놓이는 듯했다. 그런데 이게 끝이 아니었다. 보건소에서 전화가 빗발친다. 6.21.(월)~6.23.(수) 만났던 사람을 모두 기억해 내고 휴대전화번호까지 모두 제공해야 한다는 것이다. 앞이 캄캄했다. 우선 그때그때 생각나는 대로 기억을 더듬어 알리기 시작했다. 내 사진도 촬영해서 보내라는 전갈도 왔다. CCTV를 확인하기 위한 용도란다.

　이 만남 저 만남 알려 주다 보니 원주의료원행 앰뷸런스가 도착한다는 소식을 듣고 울음을 터트리신 어머니를 겨우 진정시켜 드리다 말고 집을 떠나 후송차에 올랐다. 물론 미리 준비한 우주복 같은 방역복을 입고 말이다. 이동 중에 더위에 숨이 턱턱 막혔다. 하지만 종일 이 방역복을 입고 코로나19와 사투를 벌이는 의료진을 생각하니 더위도 들어가는 듯 견뎌 보자는 마음으로 원주의료원에 도착했다. 병실(101호)을 배정 받고 보니 며칠 먼저 온 두 분의 환자가 무언의 눈인사로 맞아 준다. 도착하자마자 다시 보건소에서 이동 동선상에 있었던 사람들 조사가 재개됐다. 지갑의 영수증과 카드 결제 내역 등을 생각해 내며 한 사람도 놓치지 말아야겠다는 생각으로 알리기를 거듭했다.

　그런데 그 다음 날 새벽 곰곰이 생각을 더듬어 보니 테니스 경기가 불쑥 생각났다. 부랴부랴 6.22.(화) 아침 7시경부터 9시까지 함께 경기를 했던 회원들의 이름과 전화번호를 메모해 뒀다. 아직 일과 전이라 연락을 못하고 있었는데 보건소에서 벼락 같은 전화가 왔다. 마침 잘됐다 싶은데 "왜 테니스장에 간 얘기를 안했냐?"고 자초지종도 물어보지도 않은 채 다그쳤다. 내 딴에는 보건소 일과가 시작되면 바로 전화해 주려고 했는데... 그런 내 마음도 모르고 따지듯 하니 마치 죄인이 된 듯한 억울한 심정에서 명단을 불러 주고 나서야 나름 책임을 다한 것 같아 다소 안심이 됐다.

　그런데 이게 끝이 아니다. 정작 중요한 것은 나로 인해 어려움에 처한 분들의 검사 결과를 기다려야 한다. 서서히 고열이 오르내리는 상황 속에서도 한 분 한 분의 결과를 초조히 기다렸다. 결과는 불행 중 다행이었다. 어머니를 위시해서 그간 수십 명을 만났는데 한 분도 예외 없이 전부 음성 판정이 나온 것이다.

어머니가 계실 땐 되도록 집에서도 마스크를 쓰고 사무실 안이나 출장을 갈 때도 꼭 마스크를 떼지 않고 다만 식사할 때만 잠시 벗었는데 그게 효과라면 효과였지 않았나 싶었지만, 아무리 그래도 100여 명에 달하는 직·간접적인 만남이 있었는데 한 분도 예외 없이 '음성판정'을 받았다는 사실에 대해 '기적적인 일'이라며 '신의 은총' 없이는 이런 결과는 결코 있을 수 없는 일이라며 퇴원 후에 만난 사람들마다 내게 덕담처럼 얘기를 해 주었다. 서설은 이 정도로 줄이고 본격적인 코로나와의 치열한 전투 그 총성이 울린다.

2021년 6월 24일(목) 입원 첫날

'활력 징후 측정 sheet'를 나눠 준다. 기본적으로 키와 몸무게를 적고 매일 오전 10시와 오후 7시에 혈압, 맥박, 제일 중요한 체온과 산소포화도를 측정하는 표다. 이 표가 그날그날의 코로나 치료의 바로미터가 된다. 첫 측정 결과가 나왔다. 혈압 147/77, 맥박 71, 체온 37.2, 산소포화도 97%. 최초로 치료를 위한 약도 처방을 받았다. 아지탑스정 250mg 한 알. 당장이라도 코로나를 섬멸할 양 단숨에 약을 입에 털어 넣었다.

2021년 6월 25일(금) 입원 둘째 날

아침에 일어나니 전날과 별반 차이는 못 느꼈는데 종일 알 수 없는 열감이 발끝부터 머리 위로 낮은 파도처럼 끊임없이 밀려 올라왔다. 오늘도 아지탑스정 250mg 1회 분을 처방받았다. 1회용 컵에 담긴 1일 3식의 식사가 제공되었는데 밥(1), 국(1), 김치(1)은 고정이고, 3종류의 반찬이 메뉴를 달리해 제공되었다.

2021년 6월 26일(토) 입원 셋째 날

체온이 심상찮았다. 37.8도를 가리키던 체온이 38도를 넘어서더니 수시로 오한이 오고, 그 오한은 심한 근육통과 인후통을 수반했고 구토 증세도 악역으로 불러들였다. 밤새 견딤의 한계를 넘나들면서 눈에 보이지 않는 세균에 속절없이 당하는 나 자신의 존재를 불쌍히 들여다보면서 인간의 나약함을 절감하며 인간이 하나님 앞에 얼마나 미약한 존재인지를 절절이 깨닫는 순간을 만났다. 그것도 하루에도 여러 차례. 처방이 달라졌다. 내 심각함이 전달이 되었는지 기존 아지탑스정 250mg외에 삼남아세트아미노펜정, 페니라민정 2mg, 제스라-제트연질캡슐 각 3회 분이 처방됐다. 이 처방에도 불구하고 이른바 코로나 5대 증상과 고통도 좀처럼 가라앉지 않았다. 미천한 몸과 마음을 담고 있는 여러 곳에서 응원과 격려의 문자가 답지했다. 춘천동부교회 담임 목사님의 눈물 쏟아지는 감동의 기도와 교우 분들의 성심어린 기도가 하늘에 닿았는지 새벽 서너 시쯤인가 마치 구토증을 몰아내듯 큰 고함을 나도 모르게 내지르자 치솟던 체온도 급격히 떨어지고 급격한 안정세가 찾아와 여러 통의 전화 벨 소리도 듣지 못한 채 깊은 잠에 빠져들었다.

6월 27일(일) 입원 넷째 날

입원 다음날부터 약 처방 외에 2~3 종류의 항생제 주사를 맞았다. 오늘도 주사 후 전날 추가된 아지탑스정 250mg, 삼남아세트아미노펜정, 페니라민정 2mg, 제스라-제트연질 캡슐을 처방받았다. 새벽녘에 떨어진 체온이 37도대에 머무르면서 종일 알 수 없는 열감이 반복되었다.

6월 28일(월) 입원 다섯째 날

아침에 달랑 아지탑스정만 처방을 받았다. 아니나 다를까 이른바 코로나 5대 통증이 발끝부터 스멀스멀 다시 올라오기 시작했다. 오한과 근육통이 그 첨병이다. 긴급 처방이 떨어졌다. 기존에 매일 맞던 세 종류의 항생제 주사 외에 해열제가 섞인 수액을 팔에 꽂고, 레보펙신정 250mg, 큐브로펜정이란 추가 처방에 혈압을 낮추는 엉덩이 주사까지 동원이 됐다. 이 와중에도 교우 분들의 기도와 응원, 일가친척과 친구 후배들의 용기를 주는 메시지가 쉼 없이 답지했다. 평소 존경하는 선배님들의 격려도 견딤의 큰 힘이 되었다.

6월 29일(화) 입원 여섯째 날

어제와 같은 약 처방을 받고 나니 간호사실에서 코로나 검사와 엑스레이 검사결과 미더운 부분에 대한 CT검사를 준비하라는 반가운 연락이 왔다. 이 두 검사를 무사히 마치고 혈액검사 수치가 잘 나오면 퇴원으로 이어진다. 그러니 반가울 수밖에 없지 않겠는가! CT촬영을 위해선 방호 마스크에 비닐 옷, 장갑까지 굳게 끼고 마치 우주캡슐 같은 곳에 들어가 방향 모를 CT실로 짧은 여행을 떠난다. 캡슐에 갇힌 채 촬영을 무사히 마쳤다. 코로나19의 최대 고비는 그 균이 폐에 염증을 일으키는 것이다. 폐에 염증이 생기면 자연히 고열에 시달리고 심하면 중증으로 이어지고 더 진행되면 생명에도 영향을 미친다고 한다.

6월 30일(수) 입원 일곱째 날

기쁜 소식이 찾아 왔다. 검사 결과 폐에 약간의 염증이 있는데 경미하고 축소되는 추세라 별 걱정은 하지 않아도 좋겠다는 소식이다. 불행 중 다행이란 이런 것이구나 싶었다.

7월 1일(목) 입원 여덟째 날

청포도의 계절 7월이 열렸다. 전날 검사 결과에도 불구하고 상황이 다시 나빠지기 시작했다. 그렇게 7월이 시작되고, 하반기라는 세월은 그 하루를 게 눈 감추듯 삼켜 버렸다.

7월 2일(금) 입원 아홉째 날

7월 둘째 날이 밝았다. 식사를 통 할 수 없다는 나의 호소로 가미된 암환자의 식욕촉진제 메게롤현탁액 20ml에 멕페란정 5mg, 큐브로 펜정이 처방됐다. 연거푸 두 번의 수액 주사와 신약덕분에 급속도로 체온이 안정을 찾았다. 혈압도 좋아지고 오한과 근육통, 인후통도 함께 미미해졌다. 몸이 아플 때 만사가 귀찮고 들리지 않다가 조금만 좋아지면 좋은 생각을 한다. 이미 의료진들의 친절한 헌신과 열정도 눈에 보이고, 이제 거의 완벽하게 자리 잡은 치료 시스템에 안심을 주고, 가족과 이웃의 격려와 기도에 대한 절절한 감사의 마음도 든다.

7월 3일(토) 입원 열 번째 날

아침 해가 뜨기 전에 맞은 주사 세 방에 처방받은 메게롤현탁액 20ml, 레보펙신정 250mg, 제스라-제트연질캡슐, AAP 등 네 종류의 약을 복용하고 모든 것이 정상으로 돌아온 듯한 기분 좋은 순간에 전화 한 통이 들어왔다. 312호에 따로 입원해 있던 아내와 장모님, 그리고 처제의 퇴원 소식이다. 그 기쁜 소식에 이어 나도 다음 주 월요일 그러니까 7월 5일 X-ray를 한 번 더 찍어 보고 별일 없으면 7월 6일 화요일 퇴원할 수 있을 것 같다는 기쁜 소식이 왔다.

7월 4일(일) 입원 열한 번째 날

아침에 식욕촉진제 메게롤현탁액 20ml, 레보펙신정 250mg, 제스라-제트연질캡슐을 처방 받았다. 어제 7월 5일이나 6일경 퇴원할 수 있을 것 같다는 기대가 한순간에 사라졌다. 입원 후 최대 고통이 다시 나를 찾아온 것이다. 우선 염증 수치가 너무 높아 퇴원할 수 없다는 것이고, 다시 높아진 38도를 훌쩍 넘는 고열에 오한, 근육통, 인후통, 구토 증세가 강력한 강도로 나를 괴롭혔다. 결국은 더 높아진 고열이 나를 혼절하게 만들었고, 새벽이 되어서야 겨우 정신을 차리고 눈을 떠 보니 바로 옆 병상에 있던 분이 "밤새 신음하시며 무척 힘들어 하셨는데 괜찮으세요." 하며 걱정 어린 눈으로 살펴보는 게 아닌가. 순간 내 몰골을 살폈다. 온통 땀에 범벅이 되어 있고, 침대 시트는 마치 누가 물을 부어 놓은 것처럼 흥건히 젖어 있다. 간신히 간호사실에 연락하니 새 침대 시트를 갈아 주었다. 겨우 몸을 추스르고 거울 속의 나를 살폈다. 눈은 10리는 들어간 초췌한 몰골을 끌고 병실 밖 복도에 설치되어 있는 체중계에 나를 올려놨다. 67kg! 입원 때 74kg 전후였으니 거의

6~7kg 이상 급격히 빠진 수치다.

7월 5일(월) 입원 열두 번째 날

아침에 강도를 달리한 항생제 주사를 맞았다. 어제와 같이 처방된 약을 복용했지만, 차도는 전혀 없었다. 그 다음날도 똑 같은 상황이 계속 이어졌다. 아! 하는 외마디 비명소리가 나도 모르게 나왔고, "아! 이래서 사람이 죽는구나." 하는 최악의 상황 속에 내 몸이 빠졌다.

7월 6일(화) 입원 열세 번째 날

어제보다 바이엘아스피린정 100m를 추가로 처방받았다. 역시 강도를 달리한 항생제 주사를 맞았다. 체력이 급속도로 떨어진 상황. 무엇보다 식사를 잘 해야 하는데 몸에서 받아 주질 않는다. 암환자 식용촉진제 메가롤현탁액 20ml을 제일 먼저 입에 무니 "제발 식사 좀 잘 하게 해 주세요."하는 기도가 절로 나온다. 이틀간의 큰 위기를 겪고 나니 고열이 좀 가라앉는 듯한 느낌이 왔다. 마음속에 안심의 파도가 일며 조금은 나를 편안하게 한다.

7월 7일(수) 입원 열네 번째 날

어제와 같이 바이엘아스피린정 100m이 포함된 약을 처방받았다. 함께 친절한 간호사의 항생제 주사도 맞았다. 어제에 이어 체온이 36도 대 안정권으로 계속 유지됐다. 그런데 휴가를 간 주치의를 대신해서 나를 주치의 복귀 시 까지 담당해 주신 의사선생님이 내 염증 수치가 너무 높아서 퇴원할 수 없으니 다음 주 월요일(7.12)주치의 선생님이 휴가에서 복귀하면 그때 다시 검사를 받고 퇴원 여부를 결정하라는 슬픈 소식을 전해 줬다. 이틀 연속 36도대의 안정적인 체온이 내 스스로 컨디션이 입원 전 상태로 호전된 느낌이라 그 결정을 따르기 힘들었다. 재검을 요청했다. 받아들여지지 않았다.

7월 8일(목) 입원 열다섯 번째 날

어제와 같이 바이엘아스피린정 100m이 포함된 약을 처방받았고, 항생제 주사도 맞았다. 식사도 어느 정도 하게 됐고, 체온도 36도대를 벗어나지 않았다. 어제에 이어 나름대로의 논리와 원주의료원내 상담센터 등에 내 상황을 설명하고 반복해서 재검 요청을 했으나 답변을 들을 수 없었다. 처음 입원할 때 앞서 입원한 2명과 함께 총 3명이 병실에 있었다가 1명이 퇴원을 하고 새로 3명이 더 입원했다 퇴원했다를 반복하더니 이날 모두 퇴원을 하고 나만 혼자 병실에 남게 되었다. 밖에서는 위험한 확진자지만 병실 안에서는 같은 입장에서 서로의 쾌유를 빌던 터라 혼자라는 고독이 내게 남아있는 힘을 덜어 갔다.

7월 9일(금) 입원 열여섯 번째 날

어제와 같이 처방받았고, 같은 항생제 주사도 맞았다. 식사도 괜찮아 졌고, 역시 체온도 36도 대를 유지했다. 컨디션도 좋았다. 이 자신감으로 다시 재검을 요청했다. 기다리던 대리 주치의 전화가 왔다. 내 몸 상태와 나름의 논리로 강도 높게 재검을 요청하고 부탁했다. 오후가 되어 대리 주치의 재검 결정이 내려졌다. 한편 기뻤지만, 정상 수치(1)의 10배에 달하는 염증 수치가 정상으로 돌아올 수 있을까 하는 불안감이 하루 종일 내 곁을 떠나지 않았다.

7월 10일(토) 입원 열일곱 번째 날

새벽 5시부터 재검이 시작됐다. 오른쪽 팔목에서 3개의 비커 가득 혈액이 옮겨 갔다. "제발 염증 수치야 내려가라." 간절한 기도도 비커 마개 안으로 들어갔다. 조바심 반 불안 반 기다린 결과가 전화를 타고 왔다. 검사 결과가 정상이라는 정말 기쁘고 반가운 소식이 온 것이다. 아내에게 소식을 전하니 먼저 퇴원한 처제와 함께 나를 태우러 온다고 한다. 그 차량 도착 시간에 맞춰 입·퇴원확인서와 코로나19 격리 해제자 안내문과 함께 입·퇴원처방 전과 퇴원 후 5일간 복용하는 약도 처방받았다. 지금까지와는 종류가 다른 라비에트정10mg, 포세프캡슐, 스티렌투엑스정, 뮤코졸정 (브롬헥신염) 등 4개 종류다. 거의 6kg 넘게 가벼워진 몸과 마음을 승용차에 싣고 삶의 터전 춘천으로 향했다. 순간 17일간의 고통의 기억이 차창을 지나는 바람과 함께 차량 뒤편으로 사라져 갔다. 이어 입원해 있는 동안 회복 위해, 극복 위해 뜨거운 기도와 응원과 격려를 보내 주셨던 많은 분들의 모습이 한 분 한 분 더할 수 없는 감사함으로 다가온다.

사필시종의 인생
- 그 2막을 열다

서른 땐가 어느 날 함께 근무하는 선배 한 분의 생신 축하를 위해 저녁에 직원 회식을 한다는 들뜬 목소리가 사무실을 울렸다. 1946년생이시니 나보다 꼭 10살이 많으신데 올해 마흔이 되신다니 순간 10년간 20대로 있다가 갓 서른이 된 내게 서른도 많은 나인데 마흔이란 나이는 참으로 많아 보였고, '마흔도 있네!' 하는 치기 어린 생각을 한 적이 있다.

사필시종(事必始終)이란 말대로 어떤 일이든 시작이 있으면 끝이 있게 마련이다. 2016년 12월 31일은 내가 40년간의 공직생활을 무사히 마친 날이다.

공과는 논외로 쳐도 1년 동안은 공로연수 기간이었으니 그 나름대로 공로가 있다는 의미를 부여해도 될지 모르겠다는 위로를 스스로에게 하면서 맞이한 41년 만의 해방의 환희와 기쁨! 평소 좋아하는 테니스와 바둑, 소홀했던 문학 활동에도 열심을 보이며 정신없이 보내다 보니 그 해방감도 잠깐이었다. 꿈속에서 물 마시듯 갈증은 사라지지 않고, 오후 두세 시쯤만 되면 어김없이 거실에 앉아 TV 리모컨을 벗 삼는 생활, 그 지루한 일상을 이어가다 보니 어느 틈에 만성 두통 환자가 되어 있는 자신을 발견했다.

아, 이렇게 살아서는 안 되겠다! 는 거듭된 자성의 나날 중 한 TV 방송에서 90세에 영어 공부를 시작한 어르신의 인터뷰를 들었다. "사람들이 정년퇴직을 하면 인생도 끝이라고 해서 퇴직 후 아무 일도 안 하고 그 끝만 기다렸는데 그로부터 30년을 더 살게 되었다. 그게 너무 억울해서 내일 하늘나라 가는 한이 있더라도 오늘 영어 공부를 결심하셨다."고 한다.

누구나 은퇴 후를 염려하고 걱정한다. 고맙게도 그 근심을 덜어 주기 위해 은퇴(Retire)를 '바퀴를 갈아 끼우는 시기(Re - Tire)'라며 용기를 북돋아 주기도 하지만, 여하튼 은퇴는 질곡과 고난으로 점철된 지난날의 인생 역정보다 더 힘들고 어려운 인생 여정이 되리란 생각을 하게 된다. 어찌 보면 인생 2막의 끝이야말로 물 흐르고 꽃이 지는 자연의 이치와 신의 섭리에 맡겨야 하는 아주 중요한 의미가 내포되어 있기 때문에 더더욱 그렇게 느껴질 수 있으리라.

어떤 공사든 대부분 설계도가 있어서 처음 계획했던 대로 또는 수정 보완을 통해서 그 이상의 아름답고 보람된 결실을 맺는다. 그러나 인생은 그런 설계도가 없다. 또 수정도 보완도 용이하지가 않다. 다만 있다면 누구나의 꿈과 희망 그것이 설계도라면 그것일 것이다.

고난과 가난의 5~60년대. 그 선대를 사셨던 분들에 결코 비할 바 못 되지만 하루하루를 살아내기조차 힘들던 시기. 아예 꿈조차

꾸지 못했던 '인생 설계'에 대해 은퇴를 하면서 많은 생각을 하게 되었다. 아마 정도의 차이가 있겠지만 누구나가 비슷한 경험을 하였으리라 믿는다.

처음엔 신앙생활과 연계한 활동을 위해 '사회복지사' 공부를 할까 하다가, 그마저 60이 넘으면 시설에서 부담스러워할 수도 있으니 '공인중개사'가 어떠냐는 아내의 제안을 받았다. 공법과목이 많은 직종이라 오래 망설이다가 지난날 자식들에게 삶의 교본처럼 말해 온 「할 수 있다, 하면 된다.」는 논리를 내게 적용해 보기로 결심을 했다.

처음도 힘들었고, 과정도 힘들었다. 무엇보다 60이 넘은 나이에 이해보다는 깨알보다 많은 항목을 암기하고 순발력에 순간 적용 능력까지 키워야 하는 과목이 많아서 더더욱 힘들었다.

공부를 하는 내내 "어! 내 머릿속에 지우개가 들어 있나?" 할 정도로 금방 읽은 책을 덮는 순간 모든 게 지워지는 듯한 생각이 일년 내내 반복되었다. 그러나 그 「반복」이 문제 해결의 열쇠였다. 시험 당일 시험장으로 가는 순간, 시험지를 받아 든 순간까지도 머릿속이 텅 비고 백지장 같았는데 신기하게도 OMR카드에 정답이 차곡차곡 쌓여 갔다. 내 머리가 좋은 것도 아니었다. 바로 반복의 힘이었다. 반복이 저절로 정답을 찾아내 준 것이다.

2017년 12월 8일 도지사가 발행한 공인중개사 자격증을 받아 들었다. 며칠 뒤 공인중개사사무실을 열기 위한 필수교육 과정에서 만난 분들과 함께 교육도 받고, 식사도 나누면서 의기투합해 함께 부동산사무소를 열기로 했다.

6개월 여에 걸친 준비 끝에 2018년 7월 23일 부동산사무소를 열었다. 「금수강산부동산 공인중개사사무소」라는 간판을 건지 올해로 만 4년을 지나 5년째 접어들고 있다. 물론 6개월이란 준비기간이 말해 주고 있지만, 비록 작고 보잘것없는 사무실이지만 하나부터 열까지 쉬운 것이 하나도 없었다. 무엇보다 40년이란 직장 생활 중에는 고유한 조직의 문화, 선후배와 동료라는 울타리가 있어서 잘해도 못해도 감싸 주고 보호해 주는 '기댈 언덕'이 있었지만, 여긴 그 울타리가 없다는 것이다. 직장에서 받았던 최우수 친절봉사상의 몇 배의 노력과 고도의 정보력, 바로 내 재산을 관리하고 미래 또는 부가가치를 극대화한다는 마인드와 전문성, 특히 말로만 듣던 무한경쟁에서 살아남기 위한 행정·법무·세무에 이르는 풀 만족 서비스 시스템을 구축하는 쉼 없는 노력이 요구되는 일을 하고 있다. 인생 2막 그 즐겁고 보람된 인생을 위한 기본 설계와는 아주 동떨어진 힘들고 고된 일인데 원래 인생이 고해라고 해서 그런가보다 생각하며 오늘도 그 미련하고 우매한 삶을 멈추지 못하고 있다.

　최근에 모처럼 아내와 「한산」이란 영화를 관람했다. 아마 38년 결혼생활 중에 열 손가락 다 꼽을 수 있을지 하는 드문 횟수다. '바다의 성 학익진의 진면목'을 최고조로 업그레이드 한 조선 역사에 가장 빛나고 눈부신 승리! 그 통쾌하고 벅찬 감동이 아직도 내 마음에 그대로 남아 있다. 그런데 그 보다 더 내 가슴 뭉클하게 새겨진 명장면이 생각이 난다. 그것은 이순신 장군이 '왜란' 그 전쟁의 의미가 "의와 불의의 싸움"이라고 말하는 순간이다.

'본질'이란 사물이나 현상이 가진 근본적인 특성, 즉 그 사물이 사물로서 존재할 수 있게 해주는 핵심적인 요소를 의미한다. 세상만사 모두 나름대로의 본질적 의미를 지니고 있다. 우리가 흔히 말하는 인생 2막도 그렇다고 생각한다. 인생 그 2막은 콘크리트 슬래브와 같은 그 무겁고 육중한 건물을 짓는 게 아니다. 가족과 이웃과 함께 하는 소소한 일상, 실타래에서 풀리는 실처럼, 그리고 그 실 끝에 매달려 창공을 나는 방패연처럼 그렇게 이어지고 이어주는 삶 바로 그것이 아닐까 하는 생각을 해 본다. 오늘따라 추수할 걱정 없이 하늘을 나는 새들이 부럽다.

가을 탓일까!

달콤한 의암호

 지자요수(知者樂水)요, 인자요산(仁者樂山)'이란 말이 있다.' 지혜로운 사람은 물을 좋아하고 어진 사람은 산을 좋아한다.'는 나름의 이해와 격한 공감을 안고 그를 품은 심산유곡을 거슬러 올라본다.

 산은 그 품에 갈피갈피 생명수를 품었다가 아무런 대가 없이 대자연에게 내어 준다. 철들 무렵 '물은 자신의 빈 곳을 채우기 전에는 절대 넘치는 일이 없다.'는 말에 매료된 순간이 일생의 좌우명이 된 이야기를 이렇게 시작하게 된 게 필연은 아니더라도 우연도 아니라는 생각이 든다.
 동해안에만 들렀다 간 1호 태풍 덕에 조금은 선선해진 8월 첫 주말. 아침 해가 솟을 무렵 모처럼 아내와 의암호 수변 산책을 위해 길을 나섰다. 온의동 공지천 초입새 자전거 길에서 내려다 본 공지천의 모습은 마치 아침 햇살 받아 빛나는 눈부신 보석의 모습으로 우리 부부를 반갑게 맞아 준다. 오랜 기간 시(市)와 시민(市民)의 노력과 참여로 못난 돌이 귀한 옥이 된 듯 공지천을 맑고 깨끗하게 변모시켜 놓았다.

유서 깊은 공지천을 지나 잘 조성된 자전거 길을 따라 급한 성격 누른 느릿느릿한 발걸음으로 사는 얘기, 이웃 얘기 나누며 걷는 산책길. 순간, '행복이 바로 이거네!' 하는 느낌에 나도 모르게 번진 미소가 얼굴 주름을 더한다.

여유로운 걸음 끝에 춘천의 오랜 명소 춘천문화방송국 앞 자전거 길 정상에 올랐다. 춘천의 진산 봉의산과 어울려 180도 펼쳐진 의암호 명경! 천하 제일경이다. 와서 보라! 본 사람만이 공감할 수 있는 감동이요 축복이다. 우측 멀리 고구마섬 아래 '상중도'에서 내려온 눈길이 춘천역에서 중도를 연결하는 '중도 대교'를 어루만지더니 내년엔 개장된다는 '레고랜드' 공사가 한창인 중도에 머문다. 이제 더 이상 미뤄지지 않고 예정대로 문을 열어 춘천 경제를 살리는 젓줄이 되었으면 하는 기대에 한동안 눈길이 떠나지 않는다. 치명적인 매력을 지닌 호수 경관에 넋이 나가 있는 순간 아내의 채근에 놀라 느린 걸음을 다시 뗀다.

목 좋은 곳에 자리 잡은 달콤한 카페. 시원한 아이스커피 유혹을 뿌리치고 물 흐름에 맡겨 내려가던 발걸음을 잠시 멈춘다. 엷은 바람에 출렁이는 물결 건너 삼악산의 위용이 눈과 마음을 가득 채운다. 한쪽 삼악산은 하늘에 닿았는데, 한쪽 삼악산은 의암호에 잠겨 일렁일렁 춤을 춘다. 우리도 함께 일렁이며 걸음을 옮기다 보니 제법 큰 규모의 공사 장면이 눈에 들어온다. 호수 변과 삼악산 정상에서 동시에 진행 중인 '삼악산 케이블카 공사 현장'이다. 이미 상당 부분 공사가 진행되어서 머잖아 전국 각지에서 찾아오실 구름 관광객이 눈앞에 줄지은 모습이 저절로 상상이 된다.

'건강과 레저의 상징'인 춘천 송암 레포츠타운과 의암 스카이워크를 지나 큰길 옆 숲속에 우뚝 세운 '김유정 문인비'에 다다랐다. 걸은 거리가 상당했는지 다리도 아프고 피로감도 몰려와 아내와 함께 잠시 문인비 난간에 기대 앉아 숨을 고르다 아내가 몇 가지 챙겨온 간식을 달콤하게 나눴다. 그 맛이 가시기도 전에 아내가 "서면 원두막 갈까?"하는 긴급 제안에 "차를 집에 두고 왔는데" 하니 시내버스를 타고 집으로 가서 승용차를 타고 가자는 제안이 마음에 들어 더 이상 걷기를 중단하고 서둘러 귀가를 했다.

한참 만에 승용차로 조금 전 달콤함이 스민 '김유정 문인비'를 지나 의암댐을 건넜다. 차창 밖으로 펼쳐지는 의암 호수의 비경! 보는 각도마다 높낮이마다 주변 경관과 어울려 천의 모습으로 다가 오는 절묘한 비경. 아! 하는 탄성에 아름답다는 말밖에는 그 품격과 격조에 합당한 단어가 떠오르지 않는다. 어쩌면 그 감탄의 이면에는 의암호에 담긴 또 하나의 특별함에서 기인되지 않았나 하는 생각에 줄지어 성업 중인 카페 옆 공터에 차를 세웠다. "왜?" 하는 아내의 물음에 "의암호는 서면에서 시내 쪽으로 바라보는 게 더 예뻐." 한 발 더 호수로 걸음 옮겨 마치 그를 입증이라도 할 양 연신 카메라 셔터를 눌렸다.

의암호엔 '우리들의 고향'이 담겨 있다. 먼 옛날 두메산골 어렸던 동무들과 발 담그던 앞 강 추억이 내려와 어깨동무하고 있다. 고향 곳곳을 흐르고 적시고 채우며 이룩한 전설이 호수의 물안개 되어 피어오른다. 내금강에서 발원하여 인적 없는 DMZ에 스미고, 고이고 넘쳐, 실향민의 한이 서린 인적 없는 너른 평야 양구 수입면을 지나 흐르다 잠시 머물고 맴돌다 온 이름난 관광명소 양구 방산면 '두타연'의 자태도 출렁이고 있다.

세계적인 이벤트 '화천 산천어 축제'의 함성과 즐거움이 한데 어울려 흐르고, 내설악의 정기 담은 내린천의 고고한 숨결, 그 흐름에 몸 맡긴 래프팅의 환호와 즐거움도 의암호를 신명나게 한다.

멀리 눈에 익은 원두막이 눈에 들어온다. 도착하기도 전에 달콤한 향기가 차 안 가득 들어온다. 산속 깊은 곳에 긴 호수를 연결해 쏟아져 내리는 물줄기. 보기만 해도 시원하다. 차에서 내리기 무섭게 폭포수에 손과 팔을 맡기니 더위와 피로가 한순간에 날아가고 청량감이 온몸을 행복으로 휘감는다. 갓 쪄 낸 옥수수, 서면 특산물 복숭아, 자두, 참외, 수박 온갖 과일들이 원두막 가득 쌓여 있다. 제일 좋아하는 복숭아 한 입 베어 무니 낙원이 바로 여기가 아닌가!

오늘을 사는 사람들의 가장 큰 관심사 중의 으뜸은 아마 '건강한 삶'일 것이다. 그런 점에서 의암호는 아주 각별한 의미로 다가온다. 수년 전 아내가 갑상선 암 수술을 받은 적이 있다. 수술 후 5년간의 치료와 회복을 위한 노력 끝에 금년 그러니까 2021년 3월 완치판정을 받았다. 그 회복의 원동력이 바로 '의암호 자전거길'이다.

지난 5년간 짧은 거리를 시작으로, 점점 달리는 거리를 늘리며 연마한 자전거 실력이 지금은 웬만한 '라이더'를 능가하는 수준에 이르렀다. 그만큼 건강을 되찾는 시간도 단축할 수 있었고, 한 주에 2~3회는 의암호 자전거 길을 완주하는 건강한 삶을 지켜 주는 고마운 동반자가 되어 주고 있다.

머리 위로 '고슴도치섬'을 이고 있는 '신매대교'를 건너기 전 서면에서 바라본 의암호의 비경을 다시 확인해 볼 겸 목마른 갈증까지 해소해 볼 심산으로 명소 중의 명소로 이름 높은 호수 변 카페에 들렀다. 시원한 커피 마시며 바라본 의암호 다시 봐도 황홀하고 달콤하다.

　의암호는, 고운 분향과 단아한 컬러 그 립스틱, 언밸런스 헤어스타일의 어여쁜 소녀 바로 그 첫사랑의 모습이다.

봄내 고을, 그 여름의 끝자락에서

춘천의 사계, 그 봄·여름·가을·겨울은 얼마나 곱고 아름다운가! 세계 어디를 가도 '봄내'라 일컫는 이 고을 보다 예쁘고 더 살기 좋은 곳을 찾기 힘들다. 비단 나만의 공감은 아닐 것이다.

'봄내'의 사계도 어느덧 반환점을 돌아 벌써 여러 날이 지났다. 시작이 있으면 끝이 있다고 했던가! 여름 속의 가을 입추(立秋)가 의암호에 출렁인다. 영원할 것 같았던 무더위가 물러가고 조석으로 서늘바람이 일면서 단풍이 제 몸 단장을 시작했다. 곡식과 과일이 제 속살을 늘리고 익히는 가을이 나는 참 좋다. 전후 5~60년 대는 그야말로 물 한 바가지로 허기를 달래던 시절이었다. 그래도 구름 한 점 없던 가을의 파란 하늘은 '희망'이라는 이름으로 나를 꿈꾸게 했다. 계절이 품은 오곡백과 그 풍성한 열매를 상상한 덕분인지 '가을'이라는 말만 들어도 한 며칠은 굶어도 될 것 같은 포만감을 느껴 더 좋았던 추억이 있다.

여름이 가고 가을이 시작되니 벌써부터 마음이 먼저 그 청량한 가을바람에 휘감겨 둥실 떠오르더니 푸름에 밀린 귀한 조각구름에 실려 고향산천을 맴돈다. 얼마나 지났을까 갑자기 "맴~맴"하는 매미 울음소리에 달콤한 고향의 꿈길에서 깬 나는 다시 타향 객지 미련하고 우매한 삶의 자리로 되돌아 왔다. 선잠이 아쉬운 마음도 있었지만 오늘따라 매미 울음소리가 정겹다.

매미는 한여름 사랑의 세레나데를 위해 어두운 땅속에서 7년이라는 오랜 기간 동안 외롭고 힘든 인고의 시간을 보낸다고 한다. 여름 하늘에 울려 퍼진 수컷 매미의 사랑 노래에 유혹 당해 짝짓기 한 암컷 매미는 나무껍질 안에 알을 낳는다. 그 알이 부화해 굼벵이가 되는데 굼벵이는 나무 밑으로 내려가 뿌리 수액을 먹고 여러 해를 산다. 무더운 여름날 나무 위로 올라온 굼벵이는 탈피를 거쳐 빛나는 날개를 펴고 비로소 매미가 되는 것이다. 이렇게 탄생한 매미는 약 20일간 짝짓기 활동과 산란 과정을 통해 자신의 유전자를 남긴 후에 일생을 마감한다. 고작 20일을 위해 7년을 노력한 것이다. 짧은 생각으론 매미가 큰 손해를 본 것 같지만 우리가 알 수 없는 위대한 자연의 이치가 숨어 있다.

매미 얘기를 조금만 더 하면, 매미의 삶을 흔히 문(文), 청(淸), 렴(廉), 검(儉), 신(新)의 '오덕(五德)'에 비유한다. 문은 곧게 뻗은 매미의 긴 입이 선비의 갓끈을 의미하고, 청은 맑은 이슬과 나무 수액만을 먹고 사는 것을, 렴은 매미가 염치가 있어 남이 지어 놓은 곡식을 탐하지 않는다는 것이다. 검은 매미가 다른 곤충처럼 살 집을 만들지 않고, 신은 허물을 벗고 죽을 때를 지키므로 오덕을 지녔다고 한 것이다.
이 얼마나 신묘한 신의 섭리이자 대자연의 이치인가! 기다리던 암컷 대신 오욕에 물든 나의 접근에 놀란 매미가 울음을 그치고 날아갔다. 그 여운 속에 성경 말씀 한 구절이 내 귓전을 때린다. "아무 일에든지 다툼이나 허영으로 하지 말고 오직 겸손한 마음으로 각각 자기보다 남을 낫게 여기라."

가을이 와서 그런지, 아니면 기쁜 마음에 물든 감사함 덕분인지 절정을 향해 치닫는 태양의 열기 사이로 간간이 기분 좋은 바람이 불어온다. 그 상큼한 바람결에 내가 남을 높여 주고 낮게 하면 나도 더불어 높아지지만, 남을 낮게 여김은 내 스스로가 낮아진다는 불변의 진리를 새삼 되새겨 본다.

춘천의 가을은 참으로 곱다. 오밀조밀 높고 낮게 자리 잡은 기암괴석에 맑은 계곡, 온갖 수목에 꽃나무 겹겹 층층이 쌓인 용화·청운·등선 3봉의 삼악산이 그러하고, 붕어섬, 하중도, 상중도, 고구마섬, 고슴도치섬을 거느린 춘천의 명경유수 의암호는 얼마나 수려한가!

어디 그뿐인가. 김유정의 숨결이 남아 있는 금병산을 위시해서 춘천을 에워싼 대룡·좌방·오봉·검봉·용화산을 비롯한 수만 봉우리의 위상도 장대하다. 수천년 '봄내'에 생명수'를 공급하며 북산·사북·동면·서면·신북·우두·신동·동산·남산 고을 곳곳을 휘감아 흐르는 자태 고운 소양강과 신연강. 그 곁 수줍게 핀 형형색색 야생화. 청정 호수를 헤엄치는 수많은 어족. 순리와 겸손, 섬김과 나눔의 마음을 지닌 춘천인, 대자연처럼 고운 춘천 사람들이 그곳에 깃들여 산다.

맥국(貊國)의 정기 서린 신북과 우두의 넓은 들판에 서에서 동으로, 남에서 북으로 산들바람이 분다. 그 바람결에 출렁이는 가을. 가을. 가을.

올 가을엔 나도 빨갛게 무르익은 가을이 되어 보고 싶다.

아내의 고추 사랑

 아내의 '빨강 고추' 사랑은 남다르다. 애지중지하는 모습이 마치 아들이나 딸이 늦은 혼례를 치르고 어렵고 힘들게 낳은 예쁜 손주도 저리 예뻐하지는 않을 터인데 할 정도다. 밭에서 빨갛게 잘 익은 고추를 따 오는 날이면 아내만의 특유의 고추 사랑이 시작된다.
 우선 따 온 고추를 큰 함지에 넣고 맑은 물로 목욕을 시킨 후 구멍이 숭숭 난 바구니에 담아 1차 물을 빼 준다. 어느 정도 물이 빠지면 깨끗한 수건을 여러 장 준비해서 고추 하나하나에 남은 물기를 말끔히 닦아 준다. 그러고 아내의 성화 끝에 용하다는 목수분께 의뢰해서 특별 제작한 옥상 '고추 건조대'로 옮겨 그 안에 넓게 펴고 고운 이불 덮어 준다.
 하도 궁금해 왜 이불까지 덮어 주느냐는 물음에 녹차도 덮는 과정이 있는 것처럼 고추도 덮어 줘야 한다. 안 그러면 햇볕에 고추가 데어 상한다고 한다. 그렇게 시작해서 건조가 끝나면 고추를 거실로 옮겨 온다. 바짝 잘 마른 고추는 다시 한 번 깨끗한 수건으로 하나하나 닦은 후 자루에 담아 공기가 들지 않게 입구를 단단히 묶어 주는 순간 거의 20여 일에 달하는 고추 건조 작업이 끝이 난다.

그런데 이게 끝이 아니다. 양에 차지 않았는지 탄저병만 안 왔으면 더 딸 수 있었다는 혼잣소리를 수십 번은 하던 차에 캐는 시기를 놓친 고구마를 수확하러 갔다가 탄저병이 든 고추밭을 이리저리 다니며 그 중에 살아남은 성한 고추를 한 반 자루를 따 왔다. 양으로 보면 얼마 안 되지만 지난번 따 온 고추들보다 더 융숭한 대접을 하는 게 아닌가!

말리는 과정은 거의 같은데 올해 유난히 뜨거웠던 태양. 그 볕에 말린 고추는 건조기간이 짧고 잘 말랐는데 10월에 딴 고추는 태양이 남쪽으로 기운 탓인지 몇 날 며칠이 지나도 제대로 마르지 않는다. 애가 탔는지 빈방에 잘 모셔다가 선풍기도 틀어 주고, 제습기를 동원하고, 이보다 더한 열정은 없지 싶을 정도로 고추 말리기에 열을 올린다.

어쩌다 그 고추 방에 들어가려 하면 아예 출입을 막거나 다른 방을 쓰라고 목청을 높인다. 그래도 고추가 잘 마르지 않았는데 이번엔 어디서 구해 왔는지 자그마한 전기식 고추 건조기를 가져다가 밤새도록 거실에서 고추를 말리는 게 아닌가. 그런 아내에게 고추가 그렇게 좋아 하고 물으니 좋잖아, 빨갛게 잘 마른 태양초를 곱게 빻아서 김장을 하거나 고추장을 담그면 그 색이 얼마나 예쁜데. 남으면 이웃에게 나눠 주면 무척 좋아하신다고 한다.

그 한마디에 그간 내 존재는 눈에 없고 오직 고추만 좋아한다는 심술 가득한 질투심이없지는 않았지만 아내의 마음속에 순수함과 이웃을 생각하는 마음에 고마운 생각이 든다.

아내의 고추 사랑은 10여 년 전으로 거슬러 올라간다. 아마 10년도 더 된 어느 해 직장에서 주말농장을 운영하니 희망하는 사람은 신청하라는 소식을 듣고 아내와 의논하니 우리도 한 고랑만 하자는데 의견을 모았다.

보름날이면 소나무 숲을 뚫고 떠오르는 휘영청 달이 예쁘고 고와서 '월송리'라 이름 지어진 양지 녘 한 300여 평에 주말농장이 조성되었다. 그 중에 한 고랑을 분양받아 아내와 고추를 심었다. 처음엔 어느 고추 모가 좋은지, 맵지 않은 고추인지, 매운 고추인지, 품종 구분도 쉽지 않은 상태에서 물어물어 고추 모를 파시는 분의 추천을 받아 아주 좋다는 고추 모를 구입했다.

우리가 고추를 심는다는 소식을 전해 들은 처형이 한약방에서 구해 왔다며 한약을 달이고 남은 찌꺼기를 한 자루 가져왔다. 와! 고추가 우리보다 낫네 하며 그것을 고랑 흙에 고루 섞은 다음 고추를 심었다. 한약을 먹은 고추라서 그런지 옆에 심어 놓은 고추보다 키도 크고 실하게 주렁주렁 엄청나게 열렸다. 아내는 싱글벙글 기뻐했고, 30여 리가 넘는 밭, 머무르는 시간까지 더하면 한 시간도 더 걸리는 길을 수시로 밭에 가 보자고 했고, 나 또한 그 마음에 동조와 동행을 거듭했다.

그런데 그만 그해 전국적으로 탄저병이 유행을 했고, 달이 곱게 뜨는 월송리 고추밭도 피해 갈 수가 없었다. 자식같이 돌보던 키 크고 잘생긴 고추들이 힘없이 쓰러져 우리 곁을 떠났다. 이제 나는 다시는 고추를 심지 않을 거야. 아내의 슬픈 외마디 후 우리는 고추 농사를 시작하던 그해 접었다.

　재작년 그러니까 2016년 한 해는 유난히 비가 많이 온 해로 기억된다. 얼마나 많이 내렸는지 여름 내내 해를 본 기억이 별로 없었다는 생각이 들 정도로 비가 많이 내렸다. 고추 얘기하다 갑자기 비를 얘기하는 데는 그럴 만한 이유가 있다. 그해 봄 한 방송국 홀에서 야생화와 분재 전시회가 열렸었다. 난생처음 가 본 전시회에는 그야말로 신비의 세계요, 자연의 아름다움을 한곳에 응축해 놓은 듯 예쁘고 멋진 작품들 덕분에 내 눈이 호강하고 마음이 치유되는 아주 좋은 경험을 했다.

　전시회 구경을 마치고 오는데 춘천 삼천동에 주말농장이 운영되는데 1년에 한 고랑에 만 원만 내면 되니 주말농사를 지어보면 어떠냐는 권유를 받았다. 순간 망설이다 아내와 의논했더니 다시는 고추 농사를 짓지 않겠다던 아내가 해 볼까. 땅도 가까운 데 있는데 한다.

　이제는 더 실패하지 말아야지 하며 고추 농사와 관련된 온갖 정보를 모으고 모에도 신경을 더 쓰고 밭고랑에도 미리 퇴비를 구입해 골고루 잘 섞어 다듬어 옥토를 조성해 놓았다. 그리고 나서 가장 우량하다는 고추 모를 노벨상 수상자 뽑듯 엄선해서 정성껏 심었다. 고추들도 정성을 느꼈는지 한여름 철 솟아오르는 죽순보다 더 빠른 속도로 무럭무럭 자라 어떤 녀석은 거의 웬만한 오이 크기만 하게 주렁주렁 열렸다. 가까운 거리 덕분에 틈만 나면 고추밭을 찾아 고추들과 함께 흡족한 행복 웃음을 고랑 가득 넘치도록 흘려 보냈다.

그런데 이게 웬일! 행복한 웃음으로 가득 찼던 고랑에 빗물이 차기 시작했다. 사람도 여름에 시원한 물을 마시면 시원하고 갈증이 해소되듯이 고추도 참 시원하겠네 했다. 대수롭게 여기지 않던 빗물이 계속 고랑에 찼다. 하늘이 열렸는지 그 고랑에 쉴 새 없이 빗물을 뿌렸다. 내일이면 멎겠지 하는 기대는 어김없이 빗나갔다. 걱정스러운 마음으로 찾은 고추밭. 하나 둘 고추들이 그 어깨를 축축 늘어뜨리기 시작했다. 아니 얘네들이 왜 이래! 슬픈 외마디가 10년이 지난 삼천동 하늘에 날카롭게 다시 솟았다. 나중 안 일이지만 고추가 가장 무서워하는 것이 탄저병도 있지만 물도 엄청 무서운 존재란다. 사람이나 동물이 물에 빠지면 고통을 겪는 것처럼 고추도 일명 '물숨'병에 걸려 익사를 한다고 한다. 그렇게 잘 자라던 고추 150대가 모두 물숨으로 우리 곁을 떠났다.

연이은 고추 농사 실패로 아내가 이제 더 이상 고추 농사를 짓자는 얘기가 없겠지 생각했는데 지난해 손아래 동서가 홍천에 밭이 있으니 여가 선용도 할 겸 주말농장을 해 보라는 권유를 받고 다시 고추 농사를 시작했다. 두 번이나 실패한 끝에 내린 아내의 오기와 나의 부화뇌동한 참여로 시작한 농사는 그간의 시행착오 덕분인지 절반의 성공을 거뒀다. 한참 고추 수확을 하던 중 탄저병이 찾아와 그 보람의 열매가 반으로 줄어든 탓이었다.

주말농장을 하면 으레 듣는 말이 '그 정성 비용이면 사 먹는 게 훨씬 낫다.'는 말이다. 꼭 맞는 말이다. 텃밭을 가꾸는데도 비용이 드는데 수십 킬로미터 밖에 있는 밭을 오가며 짓는 농사니 그런 말이 나오는 게 당연하지 싶다. 그래서 비용과 시간을 생각하면 절대

할 수 없는 것이 이런 주말농장이다. 하지만 거기엔 시간과 비용을 무시하는 무언가가 존재하는 것 같다. 가족과 함께 하는 농사 그 자체를 즐거워하는 것. 게다가 추수의 기쁨과 감사함까지 보너스로 받을 수 있으니 쉽사리 그 마력에서 벗어날 수 없는 게 아닐는지.

주말농장은 지난해보다 더 나은 열매를 안겨 줬다. 그런데 아직 아마추어티를 벗지 못했다. 올해 고추 농사를 지으면서 잘 익은 고추를 세 번 정도 땄는데 마지막 과정에 관리를 소홀히 해서 탄저병에 걸린 것이나, 고추 농사 후 고구마를 캤는데 고구마마다 굵은 줄이 쭉쭉 가 속상해 하는 아내에게 고구마는 심은 지 120일 되면 캐야 하고 이 때를 놓치면 이렇게 줄이 간다는 이웃분의 말씀을 듣고 '지피지기'가 농사에도 적용됨을 절감한다.

갓난아이도 먹기 싫은 음식은 혀로 내밀 듯이, 말 없는 식물들도 좋아하는 것이 따로 있고, 감기에는 감기약이 필요하듯이 고추 모가 가장 무서워하는 탄저병과 물의 공포에서 벗어날 수 있게 세심하게 살피고 예방을 해 줘야 한다는 평범하지만 어려운 진리를 새삼 깨닫게 해 준다. 그래야 고추도, 고구마도, 나아가 자연도 그 정성에 상응하는 결실을 우리에게 안겨 준다. 지극히 당연한 자연의 섭리요 이치가 아닐 수 없다.
끝물 지나 딴 고추 건조 작업을 마친 아내가 작아진 자루에 잘 마른 결실을 담으며 내년엔 더 잘 지어 봐야지 하며 내년의 희망을 벌써부터 키우고 있다.

7번 버스

 간밤에 친구들과 나눈 대화가 길어서인지 늦은 귀가 탓인지 해가 중천에 떠서야 겨우 무거운 눈꺼풀을 들어 올렸다. 아내는 외출을 했는지 썰렁한 거실에 빈 밥상이 덩그러니 놓여 있다. 개업 축하니 비즈니스니 하며 하루가 멀다 하고 늦은 귀가를 숨 쉬듯 하니 어디 밥상이나 제대로 받겠냐마는 아쉬운 사람이 우물을 판다고 대충 요기를 하고 집을 나섰다.

 아파트 앞 주차장. 언제부터인지 몰라도 지난밤 주차해 놓은 곳이 바로 생각나지 않아 죄 없는 리모컨을 이 방향 저 방향에 대고 쉼 없이 꾹꾹 눌러 보았다. 적막한 주차장. 그제야 "아차" 하는 혼잣말 끝에 어제 늦은 만남 때문에 사무실에 주차를 하고 온 생각이 떠올랐다.

 순간 택시를 탈까 하다가 거리가 멀어 요금이 꽤 나오겠다 싶어 시내버스 승강장으로 터덜터덜 발길을 옮겼다. 버스를 기다리는 사람들 사이로 버스 운행 상황을 알리는 모니터를 보니 내가 타야 하는 버스는 20분 정도 기다려야 도착한다는 안내 문자를 내보이고 있었다. "파업 때문인가?" 혼잣소리를 하며 승강장 긴 의자

모서리에 걸터앉아 버스를 기다렸다. 지루함을 지우려다 보니 문득 어린 시절 오전에 한 번, 오후에 한 번만 뿌연 먼지를 일으키며 신작로를 내달리던 고향 길 버스 풍경이 떠올랐다. 그러더니 잇따라 어린 시절 '버스의 추억'이 계속해서 하나 둘 꼬리를 이었다.

내게 햇병아리 수필가의 길을 열어 준 '9원의 추억'의 배경도 시골 버스이고, 태어나서 처음 춘천이라는 도시 구경을 시켜 준 것도 지금은 소양호 맨 밑바닥에 가라앉은 양구~춘천 간 도로를 따라 60년대를 달리던 일명 '마이크로버스'가 아니었던가. 내가 처음 버스에 오른 기억은 아주 희미하지만 우리 집안의 밝은 미래를 송두리째 앗아간 슬픈 사연이 있다. 정든 고향 홍천을 떠나 6·25전쟁으로 공산치하에서 수복된 지구라서 매우 혼란하고 어수선했던 양구에 터전을 잡았던 선친의 사업이 종업원들의 배신과 야반도주 사건으로 말미암아 파산 상태에 이르게 되었었다.

그때 고향을 찾은 선친의 간절한 요청을 받은 조부님이 고향에 남아 있던 땅과 집 등 모든 재산을 처분하고 홍천을 출발 인제 관대리를 경유하여 양구로 가는 버스에 올랐다.

1962년도 여름. 할머니 품속에 기대 잠들어 있던 일곱 살 소년의 반쯤 뜬 눈. 겨우 고개 들어 창밖을 보니 여름비가 세차게 내리고 있었다. 두리번대던 소년의 눈길 끝에 한 할아버지가 하늘 향해 얼굴 든 모습으로 그 세찬 비를 맞으며 망연자실한 모습을 하고 서 계셨다. 선친을 돕기 위해 처분한 전 재산. 한복 속에 깊이 넣고 마고자에 두루마기 까지 입고 타신 버스였는데, 마취를 당했는지 면도칼 같은 예리한 칼날이 한복 아래를 빙 둘러 절단하고 전 재산을 소매치기 당했다는 사실을 꽤 오랜 시간이 흐른 뒤에야 알 수 있었다.

주마등 끝에 사람들이 벤치에서 일서나 길가에 줄을 서기 시작했다. 힐끗 모니터를 보니 기다리던 버스가 곧 도착한다는 메시지다.

7번 시내버스. 노선도를 보니 내가 사는 온의동을 경유해서 중앙로, 명동입구, 팔호광장 등 춘천 시내 전역을 거의 지그재그로 다 돌아 얼마 전 후평동에 문을 연 내 사무소 앞을 경유하는 버스다. 버스에 올라 서툰 모습으로 교통카드를 요금 판에 대니 "감사합니다."하는 어여쁜 목소리가 나를 반긴다. 남은 빈자리에 앉으며 순간 내가 앉아도 되나 하는 생각이 습관처럼 든다. 그러면서 나도 60이 넘었으니 앉아도 되겠지 하며 주변을 돌아본다. 다행히 나보다 나이가 같으면 같았지 많은 사람은 없어 보여 그 자리에 앉아 창밖으로 시선을 돌린다. 초보 직업 탓일까 전에는 무덤덤하게 바라보이던 창밖의 풍경이었는데 하나하나 주의 깊게 살펴보는 모습이 뿌옇게 변한 창에 어른거려 빙긋하는 미소로 조금은 생경해진 나를 바라보았다.

어느새 K대학병원 앞길을 오르던 버스가 정상을 지나 언덕을 내리 달린다. 다음 정거장이 바로 내가 문을 연 제2인생사무소 앞이다. 내릴 채비를 하자 이윽고 버스가 승강장에 정차를 했다. 시내버스가 그 자리를 출발하자 그에 가렸던 길 건너 사무실이 눈에 들어온다. 최근에 새로 그어 놓은 횡단보도 저편 신호등이 빨간불을 보이고 있다. 신호등 불빛사이로 지난해 여름 무더위 속 골방에 앉아 이어폰 꽂고 강의 듣던 모습이 떠올라 나도 모르게 몸서리치는 순간 신호등에 초록불이 켜졌다.

40년이라는 긴 직장 생활 끝에 찾아 온 휴식은 정말 달콤했다. 그것도 거의 나를 잊고, 가족도 잊고, 오직 일에만 전념하다시피 한 미련한 반평생 끝에 얻은 휴식이라 그 끝을 알 수 없을 정도로 깊은 맛이 있었다. 두고 싶었던 바둑도 실컷, 테니스도 원 없이, 잠도 질리도록 자 보고, TV도 밤늦도록 시청해 보고, 이곳저곳 여행도 다리 아플 정도로 다녀 보고, 미뤄 뒀던 동창회 모임에, 친목 모임에 눈 붙일 새 없이 다니고 만났다.

그로부터 몇 개월이 흘렀다. 이도저도 시들해지고, 좋아하는 바둑과 테니스 모임이 끝나면 오후 서너 시. 이리저리 돌려 보던 TV채널 끝에 찾아오기 시작한 무료함 끝에 오는 참기 힘든 두통! "아, 이게 내 인생인가?" 자조 끝에 무어라도 새로 시작해 봐야겠다는 생각이 하루 이틀 나를 채근하기 시작했다.

60이 넘은 도전은 만만치 않았다. 머릿속에 컴퓨터의 '지움키'가 들어앉아 있는지 책을 읽고 나면 저장되는 게 아니라 읽는 족족 지워지거나 삭제되었다. 말로 표현하기 힘든 그 고통과 인내의 끝. 그 출발의 열매를 맺은 사무실. 7번 시내버스가 남기고 간 그 길 건너에 아담하게 자리 잡은 제2의 인생을 향한 그 첫 출발점.

횡단보도를 건너자마자 자리 잡고 있는 사무실 문을 활짝 열었다. 지난 7월 문을 열 때 알음알음 소식을 들으셨는지 직장 선후배님, 동문과 봉사 친목단체 분들, 고향의 선후배님들, 각종 클럽 활동을 함께 하시는 분들, 문학회와 친구들… 등등 많은 분들이 '성공해라, 대박 나라'하시며 보내 주신 많은 화분들이 나를 반긴다. 그 감사함이 한동안 가슴에서 시작해서 온몸에 마음에 찡한 전율로 전해 온다.

현관에 서서 나는 생각했다. 가족처럼 아끼고 배려했던 종업원들의 배신으로 인하여 겪었던 선친의 파산의 고통. 내 나이 아홉에 돌아가신 선친의 한. 자식을 먼저 보낸 슬픔을 안고 집안 부흥을 위해 애쓰시다 귀천하신 조부모님. 병든 선친과 조부모에 5남매 등 아홉 가족의 생계를 고스란히 책임져야 했던 어머니의 상상을 초월했던 헌신적인 희생과 사랑.

'버스'는 프랑스 한 시골 마을의 상점의 상호로 쓰이던 '만인을 위하여(for all)'라는 의미를 지닌 '옴니버스(omnibus)'에서 유래된 말이라고 한다. 7번 버스는 내게 잊고 살았던 지난날의 기억을 되돌려 줬다. 오늘의 이 순간이 있을 수 있었던 것은 나의 미미함과 나머지 전부는 결코 잊지 말아야 할 감사한 분들의 덕분이라는 것을 생각하며, '만인을 위하여'라는 '옴니버스'에 올라 '나보다 이웃 사랑을 실천하며 사는 새로운 삶'을 꿈꿔 본다.

편지

　시월이다. 이른 단풍은 어느새 낙엽이 되어 있다. 새벽 길가에 이리저리 나뒹굴고 있는 그들을 보니 아릿하고 스산한 기운이 온몸을 휘감는다. 세월의 무상함에 갈피를 잃은 내 눈동자를 무심히 동녘에 던진다. 여명이 빛바랜 낙엽을 대신해 동쪽 산마루를 붉게 물들인다.

　세상일이란 게 시작이 있으면 반드시 끝이 있게 마련이다. 저 무한한 우주의 끝은 어디일까? 아무리 상상의 나래를 펴도 도저히 그 끝을 가늠하거나 상상해 낼 수조차 없다. 그렇다면 인생의 끝은 어떠한가? 무신론자들의 말 대로 육신의 죽음이 인생의 끝인 걸까? 그렇다면 우리네 일생을 지배했던 영혼의 존재는 무어란 말인가? 그도 그냥 그저 스러져 사라져 버리고 마는 존재에 불과한 것일까? 가을철 텃밭의 무와 배추처럼 싱싱하고 풋풋했던 어린 시절. 그때 그 시절의 궁금증들이 예순이 넘은 이 나이에 되살아나는 연유는 또 뭘까? 가을 탓인가?
　우리가 우주의 끝을 알 수 없듯이 죽음 이후의 세상을 결코 쉽게 예단할 수 없는 일이다. 생각이 여기에 미치니 쓸쓸함 끝에 미미한 소망이 슬며시 고개를 든다. 끝이 있고, 또 그 끝은 새로운 시작,

그것도 영원히 살 수 있는 새로운 세상이 있을 수 있다는 소망, 이 얼마나 가슴 벅찬 일인가! 아마 인간에게 이 소망마저 없다면 이 세상 인류의 삶은 어떤 모습을 보일까? 극단적인 선택은 늘고, 어두움보다 밝은 빛이 더 많은 이 세상마저 밝음 보다 어두움이 세상을 지배하는 그런 세상으로 변해 버리지 않을까? 답이 없는 궁금증이 마르지 않는 샘처럼 끊임없이 솟아오른다.

그래도 가을은 가을이다. 길게 늘어선 플라타너스 가로수 길을 걸으며 서로 뒤엉켜 구르는 낙엽을 바라보니 잠시 지워졌던 쓸쓸함이 되밀려온다. 흔히 봄은 여자의 계절이고, 가을은 남자의 계절이라고 한다. 왜일까? 이리저리 궁금해 뒤적여 보니 과학적으로는 우리 몸에는 인체의 시계역할을 하는 것이 있는데 그것을 바이올로지컬 클락(biological clock)이라고 한단다. 이게 비워지면 '흔히 가을을 타는' 허허롭고 쓸쓸하고 외로운 현상이 생긴다고 한다. 반대로 여자는 봄에 그것이 비워진다고 하니 참으로 신비하고 오묘한 이치가 아닐 수 없다.

여하튼 가을은 남자의 계절이다. 이유 없이 무시로 밀려오는 외로움이 그것이요, 봄을 위해 옷을 벗는 플라타너스 가로수 풍경이 황량해 보임이 또한 그것이고, 오늘따라 유난히 터벅대는 쓸쓸한 발걸음마저 그것이다. 남자가 가을을 타는 이유가 클락이든 뭐든 비워짐이 그 원인이다. 나이가 깊어지면서 인생의 정답은 비움이 답이라고들 한다. 또 비움이야말로 어찌 보면 우리네 삶의 지고의 목표인데 비워진다고 외로움을 더 타고 쓸쓸함과 황량함을 더 느낀다니 이 또한 알 수 없는 세상의 이치이다.

이른 아침 이름만큼 예쁜 옥산포를 향해 길을 나섰다. 시골로 가는 길인데 앞선 차량들이 길게 신호 바뀌기를 기다리며 거북이걸음을 하고 있다. 평소 그냥 쌩쌩 달리던 길인데 느릿한 차량 행렬 덕분에 자연스럽게 차창 밖 의암호수로 눈길이 갔다. 늘 곁에 있어 익숙함에 묻혀 있던 감성이 되살아난다.

새로운 감성을 불러일으킨 첫 풍광으로 드넓은 의암호에 붉게 물든 삼악산이 풍덩 잠겨 있다. 그 곁에 연이은 잔잔한 호수가로 비단 옷 벗듯 피어오르는 옅은 안개, 가을바람에 몸 맡겨 이리저리 세월을 즐기는 갈대들, 호수 저편 아침 햇살에 눈부시게 빛나는 보석의 향연! 아! 의암호가 이렇게 아름다웠나! 세상 어느 곳과 비교해도 전혀 손색이 없는 그야말로 천하제일경이 예 아닌가 하는 감탄을 안고 속도가 빨라진 차량 행렬에 밀려 가속페달에 힘을 더한다.

나아진 속도감을 느끼며 라디오 스위치를 켜는 순간 익숙한 노래가 흘러나온다. 참으로 오랜만에 듣는 노래 '가을엔 편지를 하겠어요.' 감미로운 저음이 차 안 가득 울려 퍼진다. "가을엔 편지를 하겠어요. 누구라도 그대가 되어 받아 주세요. 낙엽이 쌓이는 날 외로운 여자가 아름다워요…" 누구라도 그대가 되어 달라는 노랫말이 새롭고 예쁘고 매혹적이다. 낙엽이 쌓이는 날 외로운 여자가 아름답다는 고백이 가슴 찡한 감동으로 잔잔히 밀려온다.

그래 나도 편지를 쓰자. 누구라도 그대가 되어 달라는 가을 편지를….

두무리

"오늘 중으로 담당 마을에 일제히 나가서 새마을사업을 세세히 점검하고 마을 주님들과 앞으로 대책을 숙의하고 오라"는 면장님의 말씀이 아직 귓전에 쟁쟁하다.

8월말 늦여름인데 장대비가 내렸다. 곧 멎으려니 했는데 오히려 빗줄기가 더 굵고 세차졌다. '빗속을 뚫고 가자.'는 결심이 서자 비닐로 된 비옷을 챙기고 비료 포대 한 장을 구했다. 비료 포대를 깨끗이 털어 내고 닦은 다음 출장서류와 민원서류 몇 점을 맨 안에 넣고 비가 스며들지 않게 비료 포대를 정성껏 감아서 자전거 짐받이에 꽁꽁 묶었다. 마지막으로 비닐 비옷을 몸에 걸치고 힘차게 자전거 페달을 밟았다. 무섭게 내리는 빗줄기를 뚫고 담당 마을인 두무리를 향해 오르막 신작로를 달리기 시작했다.

머리 위로 늦여름 빗줄기가 점점 거칠게 내렸다. 어느덧 자전거는 10여 리를 달려 두무동 고개 초입새에 이르렀다. 여기부터는 가파른 고개인데다 온통 돌과 물웅덩이로 된 길이라 자전거에서 내려 자전거를 끌고 올라가야 한다. 비는 점점 세차게 내리지, 길은 울퉁불퉁하지, 굽이가 심한 길은 점점 가팔라 오르기가 여간 힘든 게 아니었다.

　계속 줄기차게 내리던 빗줄기가 약해질 무렵, 나는 두무동 고개 정상에 자전거를 세웠다. 뒷좌석에 동여맨 서류들이 걱정이 되어 살폈다. 다행히 서류까지 빗물이 스며든 것 같지는 않았다. 산 정상이라 갑자기 찬 기운이 느껴졌다. 우비라고 하지만 코트 모양의 비닐로 된 것이라서 바지는 이미 비에 흥건해졌고, 머리도 엉망이었다.

　다시 길을 재촉했다. 이제부터는 내리막이다. 출·퇴근하며 갈고 닦은 자전거 실력을 발휘할 때다. 그렇지만 도로 사정이 엉망이었다. 가장 무서운 적이 돌부리다. 자전거 바퀴가 돌부리에 치이면 영락없이 펑크가 나고야 만다. 내리막길이라 속도가 붙어 연신 브레이크를 잡으면서 돌부리를 비켜나려 안간힘을 쓰며 내리 달렸다. 드디어 두 세대가 살고 있는 마을 초입새에 접어들었다. 거기부터는 그래도 길 사정이 나아서 제법 속도감을 느끼며 달릴 수 있었다. 비 때문에 지체한 시간에 다급함이 밀려온다. 멀리 두무분교가 눈에 들어온다. 분교 옆이 내가 가고자 하는 목적지 이장 댁이었다.

　세상에서 가장 친절하신 이장님이 눈웃음 가득한 얼굴로 나를 맞아 주셨다. "어휴 이 빗길에~"하시며 자전거 뒷자리 비료 포대 묶은 줄을 풀어 주셨다. 이장님 사모님도 반갑게 인사를 하셨다. 이장 댁 방에 앉아 비료 포대를 서류가 다칠세라 살살 풀어 속에 있던 서류를 꺼내자 서류 겉을 싼 표지 종이에 빗물이 스몄다. 바짝 긴장하고 표지 안 서류를 확인하니, 다행이다. 마을 주민들이 요청하셨던 각종 민원서류들이 말끔한 모습이었다.

"휴"하는 한숨 끝에 사모님이 내주신 따끈한 차 한 잔에 비 탓으로 으스스한 몸에 온기가 전해졌다. 마을 주민들이 신청했던 민원 서류들을 이장님께 전해 드리고 본격적인 출장 업무를 시작했다. 면에서 가장 산간 오지마을인 두무리에 대한 구체적인 '새마을 사업'을 논의했다. 가장 시급한 것이 초가집을 개량하는 것이었다. 재래식 화장실도 고치고, 담장도 정비해서 깨끗하고 쾌적한 주거 환경을 조성하는 사업이다.

  '새벽종이 울렸네♬ 새아침이 밝았네♩...초가집도 없애고♪ 마을길도 넓히고...♬' 1970년대시작된 이른 바 새마을운동이 두무리에서도 본격적으로 추진되었고, 그곳에 내가 있었다. 노랫말처럼 초가집을 스레트 지붕으로 바꾸고, 현장에서 벽돌을 찍어 담장도 고치고, 마을 안길도 포장하는 등등 새마을 사업을 하느라 정신없이 시간이 흘러갔었다.

  어느새 39년이란 세월이 자취를 감췄다. 10년이면 강산도 변한다고 하는데 그렇다면 39년이면 강산이 네 번은 변하는 긴 세월이다. '아! 두무리! 그 두무리가 지금은 얼마나 변해 있을까?' 불현듯 거기에 생각이 미치자 언제 한번 시간을 내서 두무리를 방문해야겠다는 생각이 들었다. 그리하여 39년 전 함께 손잡고 새마을 운동과 마을 발전을 위해 열정을 쏟으셨던 이장님 내외분과 반상회 때 귀한 이불을 내어 주셨던 반장님 내외분께 점심 한 끼라도 대접해 드려야겠다는 조급함이, 초임 발령장을 받던 날부터 연결되는 두무리와의 인연이 나의 기억을 벌떡 일어나게 했다.

때는 1976년 6월, 몇 달째 가뭄이 계속되어 그야말로 전국 방방곡곡이 심하게 타들어가던 때, 내가 예의 초임 발령장을 받고 간 곳이 면사무소가 아닌 남면 죽리라는 마을의 큰 교량 밑이었다. 안내를 받아 가면서도 '사무실에서 일하는 것이 아닌가.' 하는 생각을 하고 도착한 다리 밑에서 러닝셔츠 차림의 여러 어른들이 나를 반갑게 맞아 주시는 게 아닌가!

어리둥절한 내게 자리를 권해 주시는 대로 앉아서 주변을 살펴보니 그 분들이 하는 일이 다름 아닌 바짝 말라붙은 개울을 깊이 파내고 그 속에서 물줄기를 찾아내는 일이었다. 나중에 알고 보니 그렇게 찾아낸 물줄기를 한곳으로 연결해서 물을 한곳에 가두어 놓았다가 인근의 주민들 논으로 물을 보내 주는 일을 벌써 열흘 넘게 하고 있었다.

물론 노력에 비해 턱없이 부족한 수량, 그래서 무모하리 만큼 힘든 일이었지만 그 일은 면내 이곳저곳에서 계속 이어졌고 그분들이 모두 면사무소 직원들이라는 사실에 나는 깜짝 놀랐다. 그러면서 나도 스무 살 젊은 혈기로 곡괭이와 삽을 번갈아 들고 이른바 '한해대책'사업에 뛰어들었다. 하루도 안 돼 손에 물집이 잡히고 터져 아프고 힘들었지만 그런 내색 않고 열심히 개울을 팠다.

다리 밑에서 숙식을 하고, 밤이면 선배님들의 말씀을 경청하면서 '공직이란 것이 주민이 힘들고 어려울 때 물불을 가리지 않고 뛰어들어야 하는 직업'이라는 것을 새삼 깨닫게 되었다. 그 다음 날도 그 다음 날도 일은 계속되었다. 그리고 하늘은 무슨 일로 그렇게 화가 났는지 한낮의 열기는 뜨거움을 더해만 갔고 구름 한 점 없는 날씨에 심술궂은 태양의 열기로 온 강토가 쩍쩍 갈라져 갔고 농심은 시커멓게 타들어 갔다.

 그렇게 열흘이 지난 일요일 오후, 선배 한 분이 "내일은 이리 오지 말고 면사무소로 출근하라."고 했다. 발령장을 받고 꼬박 열하루 동안 개울을 파다가 면사무소에 첫 출근을 했다. 면사무소 입구에 들어서자 마치 기다렸다는 듯이 선배 한 분이 면장실로 나를 안내했다.

 발령 동기 둘이 먼저 와 있었다. 세 명이 자리에 앉자 면장님이 큰 소리로 "최 주사, 준비한 거 도착 했나?"하시니, "네 곧 들어갑니다."하는 말이 끝나기도 전에 문이 열리고 작은 상차림이 들어오는 게 아닌가! 자세히 보니 상 위에는 큰 주전자 하나에 대접 네 개가 놓여있고, 두부 한 모와 간장이 주전자를 호위하고 있었다. 면장님이 상 옆으로 오시더니 네 개의 대접에 막걸리를 정성스레 따르기 시작했다. 막걸리가 잔에 그득해지자 "자 한 잔씩 들게"하셨다. 엉거주춤 잔을 든 우리에게 면장님이 말씀하셨다. 이 막걸리는 농촌과 농심을 이해하고 함께 노력해야 한다는 의미로 준비한 것이라고 건배를 제의하며, 면사무소 첫발의 서먹함을 덜어 주셨다.

 그로부터 며칠이 지나자 새로 발령받은 세 명에게 담당마을이 지정되었다. 모두 신임이라 원거리 마을이 지정되었는데, 내가 지정받은 담당 마을은 남면에서는 가장 오지인 두무리라는 마을이었다. 처음 배치된 재무 부서에서 업무 연찬을 시작했는데, 그런 중에도 면사무소 전 직원들은 6월 내내 크고 작은 계곡을 다니며 한해 대책 사업을 계속했고, 심지어 쩍쩍 갈라진 논에 소방차로 물을 뿌리고 모내기하는 고통스런 진풍경도 연출되었으니 그해 유월은 정말 혹독한 시련의 연속이었다. 두무리와의 인연은 그렇게 시작되었다.

7월 25일, 반상회의 날, 6월에는 한해 대책을 하느라 열리지 않았던 반상회가 7월에 열렸다. 매월 25일 반상회에서는 나라와 도·군정 주요 정책이나 면사무소 소식과 각종 생활 정보를 마을 담당 공무원이 주민들을 직접 만나 소개하고 설명하며 마을 주민들의 애로나 건의 사항을 수렴하는 아주 중요한 기능을 담당했다. 말하자면, 그 반상회를 위해 남면에서 가장 오지 마을인 두무리에 첫 출장을 가야 했다. 다행히 초행길이라 선배 한 분이 면사무소에 단 두 대 밖에 없는 오토바이 중 한 대로 나를 마을까지 데려다 줬다.

해 질 녘 두무동 고개를 넘었다. 길이 얼마나 험한지 밀고 끌고 하며 천신만고 끝에 고갯마루에 올라 한숨 몰아쉰 다음 고개를 내려가는데, 어느새 어둠이 깔려 주변은 칠흑같이 어두워졌다. 오토바이 불빛 사이로 산짐승들이 획획하며 지나가는 게 아닌가! 그럴 때마다 선배의 허리춤을 나도 모르게 움켜쥐자 "사람, 겁은" 하며 태연하게 운전을 했다. 긴 운전 끝에 반상회가 열리는 반장 댁 앞에 도착해서 나를 내려 주자마자 그 선배는 면사무소로 돌아갔다.

그날의 반상회 풍경을 지금도 잊지 못하고, 진한 감동으로 내 마음속 깊이 자리하고 있다. 반장 댁에는 이미 반상회를 위해 마을 이장님과 새마을지도자 등 몇 분이 와 계셨고, 반장님 내외분은 참석하시는 분들에게 옥수수와 감자를 쪄 준다고 분주했다.

지금이야 반이나 통 주민들이 반상회를 자율적으로 운영을 하지만, 그때는 마을 담당 면서기가 직접 반상회를 진행했다. 처음 진행하는 반상회라 떨리기도 하고, 처음 뵙는 마을 어르신들이라 서먹한데 그 마음을 아시는지 마을 어르신들은 마치 귀한 자식을 대하듯이 예외 없이 반갑고 친절하게 대해 주셔서 차츰 마음이 편해졌다.

 마을 주민들이 거의 모인 것 같아 회의를 진행해도 좋은지 반장님께 여쭈니 아직 몇 분이 더 오셔야 된다고 했다. 그러면서 창문 밖을 가리키며 "저기 내려들 오네."하시는 게 아닌가! 벌떡 일어나 내다보니 마치 병풍처럼 둘러싸인 높은 산 중턱에 불빛이 보였다. 대여섯은 더해 보이는 불빛이었다.

 "월남촌 사람들이야." 이장님이 말씀 끝에 알게 되었지만, 월남촌이라는 곳이 반장 댁까지는 한 시간 넘게 걸리는데 지금 내려오는 불빛 거슬러 산 넘어 분지에 마을 주민 여섯 세대가 살고 있는데 바로 그 주민분들이 불빛을 의지해 반상회에 오고 계신다는 것이었다.

 그 불빛을 보고 그분들에게 반상회가 얼마나 소중하고 또 한 달에 한 번 만나는 동네 분들과의 재회가 얼마나 귀한 것인지 지금도 그때 그 모습이 뇌리 속을 떠나지 않고 있다. 그런 모습에 충격이 섞인 감동을 받아 소식 하나라도 더 전해 드리려 무척 애를 썼지만, 그렇게 첫 반상회는 끝이 나고, 한 분 두 분 마을 주민들이 귀가를 하고, 예의 그 월남촌 주민분들도 다시 높은 산등성이를 오르기 시작하자 반장 댁에는 내려온 산길을 되짚어 가시는 그 분들을 안타깝게 바라보는 나와 반장 내외분만 남게 되었.

 이슥한 밤, 나를 데려다 준 선배는 이미 떠났고, 주변에 오늘날과 같은 여관도 없고, 교통편도 없는 산간 오지라 반장 댁에서 하룻밤을 묵을 수밖에 없게 되었다. 다행히 반장 댁에는 방이 여러 칸 있어서 '방 걱정은 하지 않아도 되겠다.'고 내심 생각을 하고 있었다. 주변이 어느 정도 정리되자 반장님이 내가 묵을 방을 알려 주셨다.

그런데 황감한 일이 벌어졌다. 방 선반 위에 아주 예쁜 보자기에 싸여 있는 것을 내려 풀어 놓는데 백옥같이 흰 이불이다. 반장님은 "모처럼 새로 마음에 드는 면서기가 왔으니." 하시며 특별히 반장 내외분이 신혼 때 딱 한 번 쓰셨다는 그 이불을 내 주신다는 것이 아닌가!

나는 극구 사양을 했고, "홑이불에 베개 하나면 된다."는 내 완강한 부탁을 짓누르고 그 내외분은 기어이 그 이불을 내어 주셨다. 정말 몸 둘 바를 모르겠다는 말은 이럴 때 쓰는구나 생각을 하며 아무리 사양을 해도 소용이 없었다.

반상회를 위해 왕복 한 시간이 넘는 깊은 산중에서 참석하셨던 분들이었다. 그리고 귀하게 간직하셨던 소중한 이불을 내어 주셨던 그 일들이 스무 살 청년이 감당하기에는 너무도 놀랍고 큰 감동이었다. 그때 나는, 이 마을과 또 이 마을에 사시는 모든 분들을 위해 할 수 있는 모든 일에 최선을 다해 해야겠다는 다짐을 했다. 밤새 그리고 다음날 면사무소로 복귀하기 위해 어젯밤 오토바이로 왔던 그 길을 되돌아 걸으며 몇 번이고 다짐을 하고 또 다짐을 했다.

지금이야 재미있게 회상이 되지만 그때 가장 힘든 일 중에 하나가 면사무소와 두무리를 오가는 과정에서 자전거 타이어가 수시로 펑크가 났다는 것이다. 도로 사정이 좋지 않다 보니 면사무소에서 출발해서 두무동 고개를 넘으면 여지없이 돌부리에 자전거 바퀴가 터졌고, 그때부터는 자전거를 끌고 십리 가까이 되는 길을 걸어야 했다. 그래서 궁리 끝에 찾아낸 방안이 이장 댁에 자전거 바퀴를 때우는 부품과 도구 일체를 비치해 놓자는 데 뜻을 모았다. 바퀴가 펑크날 때마다 이장님과 바퀴를 때우던 기억도 새롭게 솟아난다.

 돌이켜보면, 70년대 당시에는 '서정쇄신'이라고 공직 사회의 부조리를 일소하여 국민정신을 진작시키려는 정신 개혁 운동이 펼쳐지고 있었다. 어느 누구도 주민들에게 불편이나 피해를 줘서는 안 된다는 단호한 뜻도 담겨 있었다. 오죽하면 일주일에 서너 번은 담당 마을에 출장을 가야 했던 시절 출장지에서 점심 식사를 해결해야 했는데, 그 마을엔 식당도 없는 형편이어서 이장 댁에다 쌀을 한 말 사다 드리고 그것으로 점심을 해결했다.

 물론 이장님 내외분이 마을을 위해 일하는데 어찌 그럴 수 있느냐고 난리를 치셨지만 나의 간곡한 부탁에 그리 해 주셨다. 지금의 입장에서 정으로 사는 세상인데 그렇게까지 할 필요가 있을까 반문이 따를 수 있지만, 당시 서정쇄신의 시퍼런 서슬은 그런 부분까지도 세심한 노력과 실천을 요구하였다.

 어찌 보면 다소 강도와 시각 차이는 있을 수 있겠지만, 부정부패를 척결하고, 이를 토대로 인간의 존엄성이 최고의 가치가 되는 아름다운 세상을 만드는 지름길로 삼을 수도 있다는 관점에서 필요한 부분도 있었다는 생각도 들었다. 오늘날과 같이 인간의 존엄은 고사하고 생명이 경시되는 혼란한 세상에 '새로운 서정쇄신'이라는 이름의 대대적인 국민운동을 펼쳐 보았으면 하는 것은 너무 멀리 온 생각일까?

두무리는 지금 예전의 두무리가 아니다. 39년 전 청운의 꿈을 품고 첫발을 내디딘, 공무원 임용 후 처음으로 만난 담당 마을, 그 두무리는 두무동 고개와 소양강 상류에 둘러싸여 있는 전형적인 산촌 마을이다. 면 소재지인 용하리에서 청리를 거쳐 굽이굽이 이어져 있는 두무동 고개를 넘으면, 35가구 80여 명의 주민들이 오손도손 한 가족처럼 정을 나누며 살아가고 있는 정겨움이 넘치는 마을이다.

지난 1973년 소양강댐이 건설되면서 두무리와 붙어 있는 인제군 남면 관대리 일원에 물이 차게 됐고, 두무리는 산과 강으로 둘러싸인 오지 중의 오지가 되었다. 댐이 건설되기 전에는 서울과 춘천에서 동해안을 오가는 사람들이 양구와 두무리, 인제를 거쳐 진부령을 넘어 다녔다. 고성에서 춘천, 서울을 향하는 지름길의 길목에 위치해 있었는데 댐 건설로 육지 속의 고도가 된 셈이다.

전형적인 농산촌 마을인 두무리는 깨끗한 물과 맑은 공기가 으뜸이고, 그야말로 순수한 자연의 모습은 마을 사람들의 순박한 웃음과도 닮아 있다. 그렇다 보니 이곳에서 생산되는 모든 농산물과 산채 등도 전국 최고의 맛과 품질을 자랑하고 있다.

이 마을에서는 주로 고추, 수박, 곰취, 오이 등이 생산되고 있는데 대부분 수도권 주민들에게 직거래로 판매하고 있다. 그만큼 맛과 품질이 뛰어나다는 것이고, 일부 주민들은 20년 넘게 소비자들의 얼굴도 모른 채 농산물을 직거래로 판매할 정도로 신뢰가 쌓여 있다. 수박도 워낙 맛이 좋고 당도가 높아서 "역시 두무리 수박이 최고"라는 소비자들의 찬사를 받으면서 전국에 불티나게 팔리고 있으며, 곰취도 향이 뛰어나 큰 호평을 얻고 있다. 산림이 울창하다 보니 주민들은 산림에서도 소득을 올리기 위해 구슬땀을 흘리고 있다.

특히 지난 2009년부터 '송이산 가꾸기' 사업을 펼쳐 지난해 송이가 흉작을 보이면서 모든 지역에서 생산량이 크게 줄었으나 두무리에서는 다소나마 송이가 생산되면서 송이산 가꾸기 사업에 집중적인 관심을 받기도 했고, 게다가 매년 봄이 시작되는 시기에는 고로쇠 수액을 생산하는데 이 마을 고로쇠 수액은 맛이 좋고 미네랄 성분이 풍부해 최고 중의 최고라는 찬사도 받고 있다.

거기다 도로 사정도 좋아져서 면소재지에서 두무리까지 말끔하게 포장이 되어 있음은 물론이고, 지난 2009년 10월 소양댐으로 물에 잠겨 있던 두무리와 관대리 남전리를 잇는 38대교가 건설되어 교통의 요충지라는 옛 명성도 되찾아 놓았다.

오랜 세월 척박했던 오지 마을이 이제 '산촌생태체험마을'이라는 이름으로 크게 발전한 모습에 39년 전 폭우를 뚫고 두무동 고개를 넘던 일이 주마등처럼 스치며 감회도 새로워진다.

이번 주말엔 가까운 지인들과 함께 두무리를 방문해서 오랫동안 뵙지 못했던 이장님과 마을 주민도 뵙고 정담을 나누고 싶다. 하늘 아래 가장 깨끗하고 아름다운 나뭇잎 풀잎들과 눈인사도 나누고, 시원한 계곡에 삶에 지쳐 가쁜 숨을 몰아쉬는 두 발도, 그리고 마음도 담그고 싶다.

사암포럼과 바둑이야기

바둑을 아시나요?

바둑은 기원전 2300년경, 중국의 요왕이 아들의 교육을 위해 발명했다는 '요순 창시설' 설이 있고, 농경사회였던 고대에 별들의 움직임을 관측하고 연구하는 도구로서 바둑이 만들어졌다는 '천체 관측설'도 전해집니다.

우리나라에서는 삼국시대 고구려의 승려 도림(道林)이 백제의 개로왕과 바둑을 두었다는 이야기가 『삼국유사』에 전해지며, 백제 문화가 일본에 전파될 때 바둑도 함께 건너간 것으로 추정됩니다. 일각에서는 기자조선(箕子朝鮮) 시대부터 바둑이 두어졌다는 설도 있으나, 이에 대한 사실적 근거는 불확실합니다.

바둑을 두면 그 기보(棋譜)가 기록되고 보존되는데, 우리나라에서 가장 오래된 기록은 1765년(영조 41년)에 민백흥(閔百興)이 쓴 『기론(棋論)』이라 합니다.

오늘날 우리가 두는 근대 바둑은 고대 중국에서 시작되어 한국과 일본에 전파되었고, 오랫동안 일부 상류층 사이에서만 행해지다 중세 일본에서 본격적으로 근대 게임의 토대를 갖추었다고 합니다. 우리나라에서는 전통적으로 돌을 미리 배치하고 두는 고유의 '순장(巡將)바둑'이 20세기 초반까지 유행했으나, 현대 바둑은 해방 후 일본에서 유학한 조남철 9단에 의해 도입되었습니다.

특히 조남철 9단은 현대 바둑 보급에 일생을 바쳤으며, 당시만 해도 한량들의 잡기(雜技) 취급을 받던 바둑이 오늘날의 정신 스포츠로 자리매김하게 된 데 큰 공헌을 하였습니다.

제가 처음 바둑을 두기 시작한 것은 초등학교 6학년 때입니다. 같은 동네에 바둑을 좋아하시던 삼촌이 계셨고, 우연한 기회에 삼촌과 바둑을 두게 되었습니다. 그때 불이 붙어 학교가 끝나자마자 집으로 달려가 삼촌과 바둑을 두곤 했습니다.

물론 처음이라 기초도 제대로 다듬어지지 않은 상태에서 바둑을 두기 시작했는데, 모든 스포츠가 그러하듯 어떤 경기든 마지막엔 승부가 나기 마련입니다. 당연히 바둑에 갓 입문한 저로서는 승률이 좋을 수 없었고, 이른바 '접바둑'이라 하여 상대가 나보다 고수일 경우 서너 점, 또는 대여섯 점을 미리 깔고 시작하는 바둑을 두었습니다. 그러다 횟수가 늘고 실력이 향상됨에 따라 돌을 더 많이 붙이기도 하고, 점차 줄이기도 했습니다.

그 당시 한전리(閑田里)라고 불리던 우리 동네에는 바둑을 두는 사람이 거의 없었습니다. 삼촌은 저에게 바둑을 가르치는 유일한 상대였고, 삼촌의 기력은 일정하게 유지되는 반면, 저는 매일 실력이 늘 수밖에 없는 구조였습니다.

우리가 물건, 특히 과일을 살 때 "덤 좀 주세요."라고 하듯, 바둑에도 '덤'이라는 제도가 있습니다. 예를 들어 실력이 비슷한 두 사람이 바둑을 둘 경우, 흑을 잡은 쪽의 선착(先着) 효과는 어느 정도인가 하는 질문이 오래도록 바둑계의 화두였습니다. 이에 따라 1997년까지 한국과 중국에서는 흑의 어드밴티지를 5집 반으로 계산하여, 계가(計家) 시 그만큼을 공제했습니다. 그러나 오랜 논의 끝에 1997년 3월부터 현재의 6집 반 덤 제도로 변경되어 오늘날까지 이어지고 있습니다.

그날 이후, 한전리 삼촌과 저의 방과 후 바둑 대결은 계속되었습니다. 처음엔 접바둑에서 시작하여 점점 치수가 낮아지고, 나중엔 정선(定先: 덤 없이 흑이 먼저 두는 바둑)을 거쳐, 몇 달 만에 드디어 '맞바둑'까지 두게 되었습니다. '푸른색이 쪽에서 나왔지만, 쪽보다 더 푸르다'라는 청출어람(靑出於藍)의 의미를 실감하는 순간이었습니다.

돌이켜보면 처음 바둑을 둘 땐 당연히 삼촌에게 지는 횟수가 많았는데, 그때마다 삼촌은 저를 엄청나게 놀려댔습니다. 저도 승부욕이 발동될 수밖에 없었고, 시간이 지날수록 삼촌을 이기는 횟수가 많아졌습니다. 그럴 때마다 저 역시 삼촌을 따라 놀려주곤 했는데, 삼촌은 얼굴이 붉으락푸르락해지며 "내일 또 보자!"라며 다음 날의 대전을 기약하시곤 했습니다.

그 시절을 떠올리면 지금도 입가에 미소가 지어지고, 문득 오래 전에 헤어진 삼촌의 안부가 궁금해집니다. 한편으로는 삼촌의 평안을 위해 조용히 기도를 드립니다.

바둑 하면 바둑판에 얽힌 일화를 빼놓을 수 없습니다. 초등학교를 졸업하고 중학교에 다니던 무렵, 경기도 파주에 사시던 매형께서 저를 위해 바둑판을 만들어 놓으셨다며 방학 때 와서 가져가라는 전갈을 주셨습니다. 그때까지는 삼촌과 함께 반으로 접히는 일명 '보급형 바둑판'을 사용했고, 바둑알도 부족해 흰 돌멩이와 검은 돌멩이를 구해다 보태서 두는 형편이었습니다. 그런데 매형께서 만들어 주신 바둑판은 정식 목공소에서 제작한 것이어서 접이식 바둑판과는 비교조차 할 수 없을 만큼 훌륭했고, 흑백 바둑알도 넉넉하게 준비해 바둑알 통에 가득 담아 선물해 주셨습니다. 그때 그 기분은 말로 다 표현할 수 없을 만큼 기쁘고 감격스러웠습니다.

얼마나 기뻤는지, 바둑판을 품에 안고 파주 금촌역에서 서울역을 거쳐 마장동 시외버스터미널까지 한달음에 달려갔습니다. 그 시절, 서울 마장동에서 춘천 근화동 시외버스터미널까지는 구불구불한 도로를 따라 2시간 40분 이상 걸렸고, 다시 춘천에서 화천 오음리를 거쳐 양구까지는 전 구간이 비포장도로로, 전국에서 굴곡이 가장 심한 구간 중 하나였습니다. 이 구간도 꼬박 2시간 40분 이상 소요됐습니다.

춘천에서 막차를 타고 오음리 길에 접어들자, 덜컹거리는 것은 기본이고, 급커브를 얼마나 빠르게 도는지 맨 뒷자리에서 바둑판을 끌어안고 있던 저는 바둑판이 깨질까 봐 움켜쥔 채 의자 사이를 날아다니고 고꾸라지며 넘어지기도 했습니다. 그렇게 험난한 여정을 거쳐 늦은 밤 양구에 도착했고, 거기서 다시 20여 리 떨어진 한전리 마을까지 바둑판과 바둑알 통을 들고 걸어 들어갔습니다.

그렇게 어렵사리 마련된 바둑판과 바둑알로 삼촌과 마주 앉아 바둑을 두던 순간의 감회는 지금도 무어라 형용할 수 없는 기쁨이자 소중한 추억으로 간직되어 있습니다.

세월이 흘러 1995년 11월, 20년간 근무했던 양구군청을 떠나 강원도청으로 인사 발령을 받았습니다. 처음 몇 년은 새로운 환경에 적응하느라 정신없이 시간이 흘렀고, 그러던 어느 날 도청에 '도청 기우회'라는 바둑 모임이 있다는 사실을 알게 되었습니다. 바로 회원으로 가입했고, 다시 바둑과의 인연이 이어지게 되었습니다.

도청 기우회는 활기찬 직장 분위기를 조성하고, 조직의 인화 단결과 사기를 높여 도정 발전과 도민 복리 증진에 기여하고자 결성된 직장 동호회 중 하나였습니다. 바둑 모임도 매월 1회 이상 정기 대회를 가졌고, 매년 강원도청과 시군 공무원들이 참여하는 바둑 대회도 시군 순회 방식으로 개최되었습니다. 훗날 제가 도청 기우회 회장을 맡게 되어, 강릉대회와 영월대회 등을 성공적으로 개최했던 기억이 지금도 생생합니다.

정년퇴직 후에는 한동안 바둑과 인연이 끊긴 듯했지만, 도청 기우회에서 최고수로 꼽히던 김진하 선배님을 우연히 다시 만나게 되었습니다. 그분은 재직 중에도 사암리에서 동양란을 재배하셨고, 국내외를 누비며 사진작가로도 활동하셨던 분입니다. 그와의 재회로 모처럼 다시 바둑을 두게 되었고, 한 판, 두 판 기회가 늘어나면서 몇몇 회원들이 자연스럽게 모이기 시작했습니다. 그러던 중 "우리끼리 바둑 모임을 하나 만들어보자."는 의견이 모였고, 그렇게 탄생한 것이 바로 오늘날의 〈사암포럼〉입니다.

사암포럼은 매월 첫째 주 월요일마다 정기 월례대회를 엽니다. 주로 사암리에 있는 김진하 선배님의 자택에서 열리지만, 때때로 춘천시 사북면 원평리에 있는 '38선의 봄 펜션'이나 '춘천숲자연휴양림' 등지에서 색다른 장소 바둑대회를 열기도 합니다. 이렇게 다채로운 방식으로 대회를 치르며, 바둑이라는 오묘한 세계 속에서 스트레스를 풀고, 우의와 우정을 더욱 깊이 나누는 모범적인 모임으로 자리매김하고 있습니다.

사암포럼은 처음 김진하 포럼장님을 비롯해 김동주, 김중일, 박용석, 박재환, 백성기, 석원석, 허남석 등 8명이 활동하다가, 이후 도청 기우회 출신인 고영선, 이계석, 한원석 회원이 합류했고, 도교육청에서 정년을 마친 박하영 회원까지 포함되어 현재는 총 10명이 매월 기량을 겨루며 인생의 2막을 유익하게 펼쳐가고 있습니다.

바둑 이야기를 하면서 빼놓을 수 없는 것이 있습니다. 성경에 십계명이 있다면, 바둑에도 위기십결(圍棋十訣)이라 불리는 '바둑의 10계명'이 있습니다. 이는 바둑을 둘 때 마음에 새겨야 할 열 가지 교훈이자, 바둑을 잘 두기 위한 10가지 비결입니다. 그러나 이 10가지 원칙은 단지 바둑에 국한된 것이 아니라, 우리 인생에도 그대로 적용할 수 있는 삶의 지혜이기도 합니다. 이 이야기를 함께 나누고자 합니다.

첫 번째가 부득탐승(不得貪勝)입니다. "이기려고 너무 욕심내지 말라."는 충고인데, 바둑은 이기는 것이 목표이지만, 너무 조급하게 승리에 집착하다 보면 오히려 패할 수 있습니다. 세상을 살아가는

데도 마찬가지입니다. 승리는 추구해야 하지만, 과욕은 패배를 부르는 법입니다.

두 번째가 입계의완(入界宜緩)입니다. "남의 영역에 들어갈 때는 천천히 하라."는 뜻입니다. 바둑에서는 상대방의 집이 더 커 보일 때가 있습니다. 이럴 때 섣불리 침입하면 오히려 손해를 보게 됩니다. 상대의 경계를 넘을 때는 조심스럽고 신중해야 하며, 형세 판단과 타협, 인내, 절제를 배워야 합니다. 이는 곧 조화와 중용의 덕목으로 이어집니다.

세 번째가 공피고아(攻彼顧我)로 "공격하기 전에 나 자신을 먼저 돌아보라."는 의미를 가지고 있습니다. 상대를 공격하고자 할 때는 먼저 내 형세를 살펴야 합니다. 나에게 약점은 없는지, 반격당할 위험은 없는지를 먼저 점검한 후에 공격해야 합니다. 이는 인생에서도 비슷하게 적용될 수 있는 말입니다.

네 번째가 기자쟁선(棄子爭先)이라 해서 "돌을 버려서라도 선수를 잡아라."라는 가르침입니다. 바둑에서 돌 몇 점을 희생하고 선수를 잡는 것은 때로 더 큰 이득을 가져다줍니다. '하수는 돌을 아끼고, 상수는 돌을 버린다'라는 속담처럼, 버리는 용기가 결국 이기는 전략이 될 수 있습니다. 한 바둑 기사의 좌우명처럼, "버려라. 그러면 이긴다."라는 말은 우리 삶에도 울림을 줍니다.

다섯 번째가 사소취대(捨小取大)라고 해서 "작은 것을 버리고 큰 것을 취하라."는 뜻을 품고 있습니다. 말은 쉽지만 실제로는 가장 어려운 전략 중 하나입니다. 사람은 누구나 눈앞의 이익에 집착하게 마련이기 때문입니다. 그러나 때로는 냉정을 유지하고, 더 큰 그림을 보는 시각이 필요합니다. 바둑에서나 인생에서나 마찬가지입니다.

여섯 번째가 봉위수기(逢危須棄)입니다. 곧 "위기에 처하면 과감히 버려라."라는 뜻이지요. 바둑에서 '곤마'(위기에 빠진 돌 무리)를 피하는 것이 최선이지만, 상황에 따라서는 과감히 버려야 할 때가 있습니다. 되살릴 수 없다면 놓아주고, 차선책을 찾아야 합니다. 사업이나 인생에서도 집착을 버리는 결단이 필요한 순간이 있습니다.

일곱 번째가 신물경속(愼勿輕速)이라는 가르침으로 "성급하게 두지 말고 신중히 두라."라는 의미를 지니고 있습니다. 바둑은 한 수 한 수가 중요합니다. 경솔한 수는 돌이킬 수 없습니다. 마찬가지로 인생도 서두름보다 신중함이 필요합니다. 무엇이든 충분히 생각하고 판단하는 습관이 시행착오를 줄여줍니다.

여덟 번째가 동수상응(動須相應)이라고 해서 "수는 서로 호응하게 두어라."라는 가르침을 주고 있습니다. 바둑의 수는 서로 연관되어야 합니다. 한 곳을 두면, 다른 한 곳이 연결되어야 하고, 전체적인 형세가 유기적으로 흘러야 합니다. 삶에서도 마찬가지로, 균형감과 통합적인 시각이 필요합니다.

아홉 번째가 피강자보(彼强自保)로 "상대가 강한 곳에서는 나를 먼저 살펴라."라는 뜻입니다. 상대가 강한 곳에 섣불리 들어가지 말고, 먼저 내 돌의 안전부터 확보해야 합니다. 상대가 강한 곳에 맞서기보다 자신을 보호하는 전략적 지혜가 필요합니다. 인생의 다양한 관계와 상황에도 적용할 수 있는 원칙입니다.

끝으로 열 번째가 세고취화(勢孤取和)라고 해서 "세력 속에서 고립되면 화평을 도모하라."는 가르침을 주고 있습니다. 상대의 세력 속에서 고립되면 무리하게 버티기보다 빨리 안정을 취하는 것이 바람직합니다. 이는 '만용은 패하고 인내는 승리한다'라는 말과도 통합니다. 무리한 도전보다는 지혜로운 타협과 조화가 중요하다는 뜻입니다.

　현재 우리나라 바둑은 세계 최고의 수준을 자랑합니다. '신진서'라는 걸출한 천재 기사 덕도 있지만, 이처럼 치열하고 섬세한 바둑 문화를 발전시킨 한국인의 창의력과 사고력, 그리고 정신의 깊이가 그 밑바탕에 있다고 생각합니다. 바둑은 단순한 게임이 아닙니다. 전략이자 철학이며, 곧 인생입니다.

　춘천시 동내면 사암리의 고즈넉한 언덕, 사과·복숭아·자두의 달콤한 향이 어우러지고, 옥수수와 콩이 바람에 일렁이는 들판을 지나 정자 옆 난실(蘭室)에서는 온갖 모양의 난꽃이 고운 자태로 피어납니다.

　그 난향(蘭香) 그윽한 사암포럼의 메카에서, 우리는 다시 정자에 둘러앉아, 바둑판 위로 삶을 이야기하고, 수담(手談) 속에 우정을 나눕니다. 이 어찌 즐겁지 아니하겠습니까!

5부

지혜의 삶을 찾아서

사진 | 김진하 작가

신호등 / 지혜 / 안다는 것 / 역설 / 향기 나는 인생
오르지 못할 나무 / 관심 / 모기 / 옥수수 이야기

신호등

　새벽 시간. 한창 단꿈을 꾸는데 반복된 신호음이 들린다. 어젯밤 휴대전화에 입력해 놓은 알람음이다. 달콤한 꿈의 끝을 보지 못한 조금은 아쉬운 마음으로 알람음을 끈다. 새벽 네 시 사십오 분. 1년여 이런 저런 핑계와 이유로 중단했던 새벽기도를 나가기 위해 아내와 부지런히 준비를 한다. 처음 며칠은 몹시 피곤해 졸기 일쑤였는데 이제는 어느 정도 습관이 되어서 그런지 별로 피곤함을 느끼지 않고 오히려 하루의 문을 신실한 마음으로 일찍 연다는 생각에 한껏 여유로운 마음까지 든다.

　출발! 아파트 정문을 나서자마자 제일 먼저 마주치는 것이 있다. 바로 신호등. 평상시 아무 느낌 없이 빨간불이 초록불로 바뀔 때가지 무심코 바라보며 기다렸던 신호등이 오늘 문득 새로운 의미로 다가온다.

　그러면서 자연스럽게 지난날들의 모습이 영화처럼 스크린에 펼쳐진다. 지금 이 순간까지 나는 헤아릴 수조차 없이 많은 순간 신호등을 보고 또 지나왔다. 그러면서 그 순간들중에 여유롭게 그 신호등을 지나친 적이 있었나 하는 생각이 들어왔다. 그저 신호가 바뀌기가 무섭게 마치 자동차 경주 선수처럼 그렇지 않아도 급출발에 힘겨워하는 가속기를 마구 밟으며 다음 신호등을 향해 빠르게 치닫는다. 그렇게 제일 먼저 도착한 줄 알고 알 수 없는 도취감에 희열을 느끼는 순간 후발 자동차들이 어느새 도착해 내 어깨와 나란히 선다. 나는 왠지 손해 본 느낌이 들고 뒤따라와 선 그 차주들의 입가엔 "네가 뛰어야 벼룩이지."하는 듯 입꼬리가 올라가 보인다. 그래서 안 되겠다 싶어 '이번엔 더 빨리 달려가야지' 마음먹고 단 1초라도 먼저 하는 출발을 반복해 해 보았지만 결과는 매번 마찬가지다.

한 지역에서 오랫동안 자동차를 운전하다 보면 누구나 할 것 없이 그 지역의 신호등이 언제 바뀌는지 저절로 다 알게 된다. 그래서 지혜로운 사람은 이번 신호등의 신호가 바뀌면 다음 신호등의 신호가 바뀌는 시간까지 알고 있어 웬만해선 급출발하거나 과속을 하지 않는다.

신호(信號)의 여러 가지 사전적 의미 중 하나가 '믿을 신'에 '부르짖을 호'라는 해석이 내 눈길을 머물게 한다. '믿음을 부르짖다' 고개를 갸우뚱하며 그 참의미를 찾으려 골몰해 본다. 쉽게 생각해서 신호등을 믿고 따르면 편하고 행복해진다는 뜻일까? 세상을 살면서 우리는 알 듯 모를 듯 수많은 신호를 접하면서 살아간다. 비단 자동차 신호등뿐만 아니라 삶의 과정에서도 다양한 채널의 수많은 신호가 왔다 갔을 것이다.

그중에 어떤 신호는 잘 받아 내게 유용한 무언가가 된 경우도 있지만, 어떤 신호는 매우 중요해서 '부르짖음'의 강한 강도로 왔음에도 불구하고 감지조차 못하고 흘려버린 경우가 한두 가지가 아닐 것이다.

　간혹 사람들이 '내 몸이 내 몸이 아니다.'라고 하는 말을 듣곤 하는데 내 몸이 미리 자신에게 보내는 신호마저 듣지 못해 몸의 건강 상태를 악화시키는 일도 비일비재한데 하물며 자녀들이나, 나 아닌 남이나, 이웃이나, 나아가 자연의 제 현상이 보내는 신호를 일일이 다 느끼지 못함은 지극히 당연한 일이지 싶다.

　내 몸이 내게 보내는 신호나 내 밖에서 내게 오는 모든 신호, 즉 부르짖음에 귀를 기울이고 그 부름을 믿고 대처하는 노력을 기울이면 보다 나은 보람된 삶을 영위할 수 있지 않을까 하는 생각을 하며 교회 문을 나섰다.

　자동차에 시동을 걸고 도로로 나서니 갈 때에는 세 번 정도 신호등 앞에 정차를 했는데 귀가 할 때는 딱 한 번 정차한 후 일사천리로 집 앞 주차장에 시원하게 도착했다. 신호등을 애정 어린 눈으로 바라본 덕택이 아닌가 하는 실없는 생각에 빙긋 미소가 번진다.

　세상의 일도 그 부르짖음을 귀하게 듣고, 내 마음이나 생각보다 상대방의 마음이나 생각을 먼저 살피고, 이해하는 노력에 배려하는 마음까지 더해 실천에 옮기다 보면 우리 인생도 탄탄대로를 시원하게 달리는 그런 모습으로 승화되리라 믿는다.

　오늘 아침도 길을 나섰다.

나이 들어 최고의 건강관리가 걷는 운동이라는데, 거리도 좀 되고, 직업상 현장 출장 갈 일이 많아 승용차를 이용할 수밖에 없는 형편이다. 아파트 입구를 뒤로하니 제일 먼저 나를 맞는 것이 신호등이다. 가는 길 내내 무수한 신호등이 요소요소에 설치되어 있다. 새 일을 시작한 지 석 달째 접어들다 보니 자연스럽게 출·퇴근 하는 최적의 코스를 찾으며 이 길 저 길 탐색한 끝에 나름 최단 거리를 두어 코스 찾아냈다. 물론 빨강신호등이 초록 신호등으로 바뀌는 시간, 신호등 연동제 실시 구간 여부, 거리 등을 두루 감안한 코스다.

오늘도 그 길을 달린다. 그러면서 남은 인생을 생각해 본다. 오래전 늦가을 도심 길을 걸었을 때 길 옆 오디오 가게에서 흘러나오던 구성진 노랫가락이 다시 귓전을 때린다.
'청춘을 돌려 달라'는. 그때 함께 걷던 사람에게 물었다. 만약 청춘을 돌려준다면 몇 살 때로 돌아가고 싶으냐고. 그런데 이게 웬일. 아무도 그 때로 돌아가고 싶은 사람이 없는 게 아닌가. 같은 길을 수없이 다니다 보면 그 길 다음에 기다리고 있는 신호등이나 상점 또는 음식점 등등을 모두 외울 수 있게 된다. 그런데 우리네 삶은 지천명의 50을 살든 이순의 60을 살든 심지어 백수를 누리는 순간까지도 수없이 살아온 인생 그 다음 날을 알 수가 없다.

사람이 그 다음 날을 예단(豫斷)해 볼 수는 있겠지만 미리 알 수는 결코 없다. 만약 알 수 있다면 인류는 상상을 초월하고 감당키 어려운 대 혼란에 직면하게 될 것이다. 다만 한 가지 가늠해 볼 수 있는 것이 하나 남아 있는 것 같아 그나마 다행이라는 생각이 든다.

살면서 살아가면서 우리에게 끊임없이 전해 오는 믿음의 부르짖음! 그 긴요하고 간절한 신호를 내 마음속에 흘림 없이 담아내는 노력, 그렇게 귀하게 잘 받아서 그것을 토대로 우리네 삶을 이해와 배려와 감사와 사랑으로 꽃 피우는 그런 삶을 살다 보면 생에 있어 가장 아름답고 보람 있는 '그 다음날'을 맞이할 수 있지 않을까!

다음 날은 고사하고 단 한 치의 앞도 내다볼 수 없는 우리네 인생. 문득 "예언은 언제든지 사람의 뜻으로 내는 것이 아니요, 오직 성령의 감동하심을 받은 사람들이 하나님께 받아 말한 것임이라." 하신 성서의 가르침이 귓전을 울린다.

지혜

    지혜는 생명의 강이다. 지혜로운 삶이 한 사람의 삶을 가장 값지고 보람 있게 가꾸고 완성해 내는 지고의 가치이기 때문이다. 지혜란 무엇일까? 사전적 의미는 '사물의 이치나 상황을 제대로 깨닫고 그것에 현명하게 대처할 방도를 생각해 내는 정신의 능력'이라 적고 있다.

    얼핏 보면 "아하 이게 바로 지혜"구나 말할 수 있지만 하나하나 짚어 보면 난해함은 기본이고 실천하기가 여간 까다롭고 힘든 게 아닌가 싶다. 그도 그럴 것이 사람들이 사물의 이치나 상황을 제대로 깨닫는다는 그 자체가 얼마나 힘든 일인가! 더구나 그 깨달음도 그럴진대 그 깨달음의 토대 위에서 현명하게 대처할 방도를 생각해 내는 정신의 능력, 거기다 그 능력을 함양하는 일이야말로 이 시대를 사는 모든 사람들에게 난제 중의 난제임을 누구도 부인하기 힘들 것이다.

    세상일이라는 게 자물쇠가 있으면 열쇠가 있기 마련이다. 간혹 자물쇠를 잠가 놓고 열쇠를 잃어버려 낭패를 당하는 물리적인 경우가 있긴 하지만 여기서 말하는 열쇠는 앞서 지혜가 어떤 방도를 찾아내는 정신의 능력이니만큼 막힌 지혜를 여는 열쇠를 찾아 떠나보자.

그 지혜의 열쇠를 찾아 떠난 내 발길이 처음 닿은 곳. 바로 역사의 한 시대를 선도하고 풍미했던 명사들의 지혜의 방이다. 그 방은 획일적인 하나의 방이 아닌 여러 가지 방으로 구분되어 있었다. 어떤 방은 사랑에 대하여, 또 어떤 방은 자유에 대해, 독서와 책에 대해, 또 어떤 방은 기회에 대해, 그리고 경험에 대한 방이 이어져있다. 12개의 방이다.

동서양을 넘나들어 보자. 공자는 모욕은 잊어버리고, 친절은 잊지 말라고 설파했다. 링컨은 타인의 자유를 부인하는 자는 그 자신도 자유를 누릴 가치가 없다고 했다. 푸블릴리스 키루스는 가장 높은 곳에 올라가려면 가장 낮은 곳부터 시작하라 했고, 노자는 끝을 맺기를 처음과 같이 하면 실패가 없다고 했다.

독서에 대한 이야기도 있다. 로크는 독서는 다만 지식의 재료일 뿐이다. 자기의 것으로 만드는 것은 사색의 힘이라고 했는데 에드먼드 버크는 사색 없는 독서는 소화되지 않는 음식을 먹는 것과 같다고 했고, 바슐라르는 '책은 꿈꾸는 것을 가르쳐 주는 진짜 선생'이라고 했다.

또 다른 방에 들러 보았다. 카네기 방과 세익스피어 방이다. 기회를 놓치지 말라. 인생은 모두가 기회인 것이다. 카네기가 한 말이다. 경험이란 헤아릴 수 없는 값을 치를 보물이다. 세익스피어가 경험을 얼마나 중요하게 여겼는지 미루어 짐작이 가는 말이다.

에머슨은 당신의 인생은 하루 종일 무슨 생각을 하는지에 달려 있다고 했고, 한나 모어는 목표를 보는 자는 장애물을 겁내지 않는다고 했고, 오비디우스는 당신이 사랑받고 싶다면 사랑받을 만한 가치가 있는 사람이 되라고 했다.

가히 이 시대를 사는 사람들에게 이보다 값진 지혜의 열쇠는 더 없을 듯하다. 하지만 무언가 허전하다. 여전히 허기가 진다. 마치 꿈속에 마시는 물처럼 갈증이 좀처럼 풀리지 않는다. 터덜터덜 힘 잃은 발길이 정처 없이 새로운 지혜를 찾아 길을 나선다. 좀처럼 풀리지 않는 갈증. 그 갈증을 풀어 줄 열쇠는 어디에 있단 말인가!

사람은 누구나 죽는다. 그런데 기왕이면 아름다운 죽음이 좋다. 지난날을 돌아보면 내 삶은 온통 내 중심의 삶이었다. 그런 삶으로는 절대 아름다운 죽음을 맞이할 수 없다. 그런 죽음의 열쇠는 어디 있을까? 나 아닌 이웃 중심의 삶을 생각해 본다. 그것도 어려움에 처한 소외된 이웃을 떠올려 본다. 혹시 그런 분들이 그 열쇠를 가지고 있지는 않을까?

무슨 일이든 생각만 가지고는 되는 일이 없다. 우리 국민이면 누구나 추앙하는 도산은 '무실역행'을 강조하셨다. 참되고 실속 있도록 힘써 실행하라는 말씀이다. 하지만 결코 쉬운 일이 아니다.
불가능에 가까운 일이다. 하지만 누구나에게 다가오는 인생의 마지막 순간을 가장 아름답고 여한 없는 보람의 순간으로 맞이하기 위해서는 억지로 흉내라도 내 보아야 한다.

내게도 그 실행 능력이 없었다. 물론 지금도 한없이 부족하다. 어찌 보면 부족이라는 말은 사치이고, 결여되어 있다는 말이 맞을 것이다. 그 결여를 나는 단 한 점이라도 미량이라도 말씀으로 채우려 한다. 그 작은 걸음을 새벽이면 걷는다. 아내와 함께 유난히 시원한 새벽 공기를 상쾌히 마시며 걷고 또 걷는다. 그 새벽길을 걷던 어느 날 나는 귀에 번쩍 뜨이는 지혜의 열쇠를 찾았다. 우리 이웃을 위해 마음속에 독한 시기와 다툼을 버리고 진리를 추구하는 일. 지혜의 온유함으로 선행을 보이는 일.

  바로 그 성결하고, 화평하고, 관용하고, 긍휼과 선한 열매가 가득한 '온유한 지혜'를 발휘하여 섬김을 실천하는 일. 그 일이 내게 남은 삶의 여정이 되길 두려운 마음으로 소망해 본다.

안다는 것

"나는 움직이는 백과사전이야!" 느닷없이 한창 젊었을 때 치기 어린 생각과 지난해 11월 소천하신 어머니 모습이 겹쳐 떠올랐다. 그러면서 자신도 모르게 아무도 없는 주변을 두리번대며 부끄러운 마음에 몸을 움츠리고 고개를 절레절레 흔들었다.

'아는 것이 힘이다.' 16~17세기 잉글랜드의 철학자이자 정치가였던 프랜시스 베이컨이 한 말이다. 그리고 이런 말을 할 만한 사람이라 당연시 될 정도로 그는 과학자요, 변호사이며 저술가로 알려져 있다. 그가 설파한 '아는 것이 힘'이라는 의미는 '사물을 정확하게 이해하면 세상을 움직일 수 있게 된다.'는 의미가 함축되어 있다고 한다.

안다는 것은 무엇일까? 이런 질문 자체가 맞는 표현일지 잘 모르겠는 '안다는 것'에는 어떤 함의가 담겨 있을까? 삶에 있어서 아는 것이 정말 중요하지 아니할 수 없다. 누구나 갓난아이로 이 땅에 태어나서 자라면서 이른바 교육이란 과정을 거친다. 오늘날에는 6~70년대는 찾기 힘들었던 첨단화된 영유아원과 유치원을 비롯해서 초중고 대학 또 그 이상의 체계화된 교육과정을 통해서 수

많은 인재들이 지속적으로 배출되면서 인류의 삶을 보다 값지고 보람 있게 가꾸어 가는 원동력이 되어 주고 있다.

한자(漢字)로 알 지(知)자 알 식(識)자로 표현되는 지식의 의미는 '무엇을 배우거나 경험을 통하여 알고 있음'이란 의미로 쓰인다. '지식은 만물의 어머니이다.' '로마가 하루아침에 이루어지지 않았듯이 지식의 축적은 많은 노력과 시간을 필요로 한다.'는 등의 사용례를 찾아 볼 수 있다.

서두가 너무 딱딱하고 무미건조하다. 이미 다 아는 얘기들이기도 하고. 그렇다면 진정 안다는 것은 무엇일까? 얼마 전인가 피로에 지쳐 거실 소파에 앉아 넋을 놓고 있다가 TV를 켜고 이리저리 채널을 돌리다가 한 프로그램에 눈이 가 시청한 일이 있다.

사회자의 진행에 따라 출연자들이 눈을 가린 채 맞은편에 앉아 있는 사람들의 손을 만져보고 그 사람의 직업을 맞추는 게임이었다. 잠시 후 네 개의 의자가 준비되고 먼저 눈을 가린 두 사람이 각각 자기 자리에 앉은 후 이어 각각 맞은편에 두 사람의 출연자가 나와 앉았다.

출연자의 신호에 따라 맞은편에 앉아 있는 사람이 손을 내밀자 안대를 가린 출연자가 이리저리 상대방의 손을 만져 보며 "손이 아주 작으신데 굳은살이 많으신걸 보니 혹시 박스를 나르시는 분 아니신가요?" 다른 쪽에선 "손이 많이 거치신데 혹시 농부 아니세요?" 등등의 여러 가지 혼잣말을 쏟아 내다가 사회자의 신호에 따라 손을 놓는다. 잠시 정적이 흐르고 정답을 얘기할 차례. 하지만 둘 다 직업을 맞추지 못하자 잠시 후 사회자가 안대를 풀고 상대를 확인해 보라고 한다.

출연자의 두근거리는 마음을 알기라도 한 듯 사회자와 방청객마저 숨을 죽인 고요함. 그 사이 안대가 풀리고 또 다른 짧은 정적 끝에 "어머니, 아니 엄마가 여길 어떻게!" 한참을 살피고도 알지 못했던 굳고 거친 손의 주인공은 각기 그들의 어머니셨다.

자신을 이 땅에 태어나게 해 주시고 평생을 자기 자신보다 더 사랑하며 목숨까지도 내 놓으실 정도로 애지중지 키워 주신 분 바로 그 어머니. 그 어머니의 손을 만져 살펴보고도 알 수 없었던 그들. 어쩌면 나와 우리들. 주체할 수 없는 눈물을 훔치며 어머니가 누우셨던 침대에 앉아 있자니 지난해 11월25일 소천하신 어머니 모습이 주마등처럼 떠오른다.

살아생전에 마디마디가 휘고 굽어지고 지문은 아예 보이지 않는 그 어머니 손! "내가 너희를 키우느라 내 손이 이렇게 됐어. 이놈아" "어머니 이제 그 말씀 그만 좀 하세요 그동안 천 번도 더 들은 것 같아요." 마음에도 없는 말로 대꾸를 하면 크게 서운해 하시던 생전의 어머니 모습이 눈에 선하게 떠오른다.
안다는 것! 그것은 '나는 움직이는 불효 사전.' 바로 그것이라는 것.

역설

 '춘래불사춘' 봄은 왔는데 아직 봄은 아닌가 보다. 이른 아침 문밖을 나설 때면 바짓가랑이 사이로 오르는 바람이 아직은 저릿하다. 그러면서 '계절'을 생각한다. 내내 추운 북극이나 남극의 빙하를 상상하고, 내내 더운 열대지방도 함께 헤엄친다.

 그러다 보면 춘하추동 사계절이 흐르는 나라에 산다는 것이 '얼마나 놀라운 신의 은총이자 선물인가!' 그것도 강원도, 그리고 춘천에…'하는 단상으로서의 귀결도 가능하지 싶다.

 그러면서 또 봄을 생각한다. 우리에게 봄은 씨 뿌림의 계절이지만, 자연에게 봄이란 늦가을이 아닐까!
 인류가 존재하지 않았던 시절 자연만이 온전했던 그때, 그 모습을 가만히 들여다보면, 분명 자연에게 있어 봄은 아마 가을이었을 터이다. 가을이 되어서야 온 땅에 다양한 모습과 방법으로 씨가 뿌리내리니 말이다.

 지난해 가까운 지인에게 꽃이 만개한 화분을 받았다. 꽤나 오래도록 피어 그윽한 향을 흩날려 사무실을 빛내 주었다. 그러다 한

잎 두 잎 꽃잎이 떨어지더니 앙상한 줄기만 남겨 놓았다. 그 모습이 못내 안쓰러워 겨우내 따뜻한 곳에 두고 정성껏 물을 주었다. 그러던 지난 초봄무렵 그 앙상했던 줄기 끝에 꽃봉오리가 터질 듯 맺혀 있었다. 혼자 보기 아까운 경이로움 그 자체였다.

가을이면 자연은 글자 그대로 터질 것 같은 많은 열매를 주렁주렁 맺는다. 어떤 것은 과일이라는 이름으로, 또 어떤 것은 씨앗의 모습으로. 그 과일이 땅에 떨어져서 썩고 나면 과일나무가 솟아나고, 바람에 날린 씨앗이 떨어져 뿌리가 터를 잡고 줄기와 잎을 만들고 꽃을 피우면 열 배 스무 배나 많은 새로운 씨앗을 탄생시킨다. 정녕 경이가 따로 없다. 그러니 '자연의 봄은 가을이다.'라고 해도 그리 틀린 말은 아니지 않을까.

여반장(如反掌)이라는 말이 있다. 손을 한번 들어서 시원하게 쭈~욱 펴 보자. 그리고 그 자세에서 손을 뒤집어 손등을 한번 보자. 참 쉬운 그게 바로 여반장이다. 그렇게 쉽게 손바닥을 뒤집으면서 마음을 뒤집는 것을 우리는 어려워 한다. 생각을 뒤집는 것을 힘들어 한다. 여반장을 생각하며 자연의 섭리를 이해하다 보면 물이 흘러가는 순리를 깨닫게 되고, 배려의 산실이 바로 사랑임을 배우게 되지 않을까.

'가을의 자연'이 갖는 역설과 함께 바로 불혹과 지천명과 이순의 역설을 생각한다. 40을 불혹(不惑)이라고 해서 미혹되지 않는 나이라고 한다. 얼핏 그럴듯해 보이지만, 경험으로 미루어 보면 '미혹에 가장 약한 나이'라는 의미가 담긴 것이 아닌가.

15세에 학문에 뜻을 두고, 20세는 약하지만 관을 쓰고, 30세에 자립을 해서 결혼도 하고, 자녀도 낳고, 어느 정도 생활의 기반도 마련한 상태에서 40대를 맞이하는 것이 보편화 된 삶의 모양새이다.

그저 앞만 보고 열심히 달리다가 맞이한 나이가 40대이다. 그러니 미혹에 가장 흔들리기 쉬우니 정신 바짝 차리라는 경구의 의미가 담겨 있는 게 '불혹'이 아닐까. 이런 맥락에서 50대의 지천명(知天命)은 하늘의 뜻을 이해하는 나이대가 아니라 일명 출세하고 사회적 지위가 높아졌다고 해서 거들먹거리지 말고 '제발 하늘 무서운 줄 알고 경거망동하지 말라'는 의미는 아닐는지.

그렇다면 이순(耳順)의 의미는 또 무엇일까. 세상을 향해 귀가 시원하게 열려 있다는 나이. 과연 그럴까. 각자 나름이긴 하겠지만, 보편적으로 60대가 되면 대개 독선적인 성향을 띤다고 한다. 내 얘기만 얘기라고 내민다는 거다.

그러니 '세상을 향해 귀를 크고 넓고 높게 열어 놓고 소통하면서, 평생을 살면서 쌓아온 식견과 경륜과 가르침을 인생 후배들에게 베풀라'는 의미로 해석해 볼 수는 없을까.

오래전에 '경청'이라는 책을 읽은 적이 있는데 바로 그 책 속에 나온 얘기다. 어떤 사람이 삶이 너무 힘들어 자살하기로 마음을 먹었다. 그리고 마지막으로 평소 자신이 좋아하는 사람을 만나본 후에 죽기로 결심하였다. 그 사람을 만나 평소 마음속 깊이 품었던 말을 하기 시작했다. 그 사람은 그저 듣기만 했다. 가끔씩 "아이쿠!" "저런" "그래서요" "그리고요"하며 추임새를 넣었고, 한두 시간은 지났을 때 죽기로 마음먹은 사람이 말을 마치고 일어섰다. 그리고 나서 그는 집으로 가고 있었다. 죽으러 가겠다는 마음은 온데간데없이... 다음 날 그는 만나는 사람마다 어제 만난 사람을 '세상에서 가장 대화와 연설을 잘하는 사람'이라고 칭찬하고 다녔다고 한다. 경청이 사람의 목숨을 구한 일화다.

'춘래불사춘' 봄이 왔지만, 아직 봄이 오지 않았다. 꽃 봉오리 던 화분의 여러 봉오리 중 또 하나가 이어 터졌다. 새봄이 열린 것이다. 수줍은 아낙의 모습처럼. 저 봄 처녀를 보고 세상 어느 누가 미혹되지 않을까!

이제 봄은 봄이다.

향기 나는 인생

세상을 살면서 누구나 한두 번 이상은 오해로 인하여 고통을 당한다. 흔히 '증오보다 더 무서운 것이 오해'라는 말이 있을 정도로 오해로 인한 폐해는 이루 헤아릴 수 없을 정도다.

오해란 과연 무엇일까? 오해의 사전적 의미는 '사실과 다르게 해석하거나 이해함'이라고 정의해 놓았다. 어떤 사실을 사실과 다르게 해석하거나 사실과 다르게 이해한다는 것이 얼마나 무서운 결과를 낳는지 수많은 경험과 사례를 통해 알 수 있다.

영국의 극작가 셰익스피어가 지은 4대 비극의 하나 「오셀로」의 주인공 오셀로는 오해 때문에 질투를 하고, 그 질투로 인해 정숙한 그의 아내 데즈데모나를 죽이는 큰 실수를 범하지 않았던가!

성경에 나오는 헤롯왕이 예수를 죽이려 한 것도 오해 때문이고, 가룟 유다가 예수를 팔아넘긴 것도 오해 때문이었다. 헤롯은 그 아기가 자라서 장차 자기의 왕위를 노리리라는 잘못된 판단 때문에 베들레헴과 그 일대에 살던 두 살 이하의 아이들을 모조리 죽이는 엄청난 만행을 저질렀다.

그럼 오해가 있을 때 어떻게 처신하는 것이 좋을까? 오해가 있을 때는 우선 변명을 하려 들지 말고 잠자코 있는 것이 상책이라는 말을 흔히들 한다. 오해가 분명하다면 언젠가는 풀리게 마련인데 굳이 오해를 푼다고 재간을 부릴 필요가 없다는 말이다. 오해를 당한 사람은 오해가 풀리기 까지 억울하고 답답한 심정을 감출 수가 없을 것이다. 그러나 그것이 오해라는 것을 '하늘이 알고, 땅이 아는' 사실인데 조급할 필요가 없다는 말일 게다. 오히려 오해를 한 사람이 그것이 결국 오해로 밝혀졌을 경우 받을 죄책감을 어떻게 감당해 내야 할 것이며, 특히 어떤 악의적인 요소로 오해를 유발케 했다면 과연 그 죄를 용서나 받을 수 있을는지 모를 일이다.

그렇지만 가볍게 생각하면 오해는 그냥 오해일 뿐이다. 19세기 미국의 철학자 에머슨R. W. Emerson은 '위대하다는 것은 오해받는 것'이라는 유명한 말을 남겼는데 오해를 두려워하지 않는 것이 위인이 되는 첫 걸음이라고 설파했다.

그렇다면 어떻게 하면 오해를 겁내지 않을 수 있을까? 하늘 우러러 한 점 부끄럼 없는 '진실한 마음'에 사지(四知 : 天知 地知 子知 我知)의 진리가 그 정답이 될 수 있지 않을까? 무릇 진실한 마음은 하늘이 알고 땅이 알며 당신이 알고 내가 알고 있다.

십팔사략(十八史略)의 양진전(楊震傳)에는 후한(後漢) 때의 관리 양진의 일화가 기록되어 있다. 평소 학문을 좋아하여 유학(儒學)에 정통했던 양진은 한 고을의 군수(郡守)가 되었다. 그런데 어느 날 군의 하급 관청인 현(縣)의 현령(縣令)이 몰래 많은 금품을 가지고 와서 그것을 양진에게 건네주려고 하며 "지금은 밤이 깊으니 아무도 아는 사람이 없을 겁니다." 라고 하였다. 이에 양진은 다음과 같이 말했다고 한다. "하늘이 알고 땅이 알고 그대가 알고 내가 알고 있는데 어찌 아는 사람이 없다고 말하는 것이오?" 현령은 크게 부끄러워하며 그대로 물러갔다고 한다. 훗날 양진은 삼공(三公)의 지위에 오르게 되었지만, 환관과 황제의 유모인 왕성의 청탁을 거절했다가 모함을 받게 되자 스스로 독약을 마시고 자살하였다고 한다. 조정의 부패 척결에 앞장서며 청렴을 목숨과도 같이 여겼던 양진의 이야기는 후세를 사는 우리에게 많은 것을 일깨워주고 있다.

그럼 오해를 부끄럽게 하는 '이해'라는 얘기로 접어들어 보자. 흔히들 '이해'는 인간의 영역이 아닌 신의 영역이라는 말을 한다. 그만큼 인간으로서 행하기 어려운 영역이라는 반증이라 해도 지나침이 없을 것이다. '이해'의 사전적 의미는 여러 가지가 있지만 그 중에서 '남의 사정이나 형편 따위를 잘 헤아려 너그럽게 받아들이는 것'이란 해석이 이 글에 어느 정도 부합된다는 생각이다. 얼핏 보면 지극히 상식적이고 쉬워 보이지만 극단적인 이기주의가 판을 치고, 자기중심적 사고 속에 '내 탓이 아닌 네 탓'으로 책임 공방을 하고, 나부터 살고 보자는 인식이 팽배해져 가는 각박한 세상 속에서 남의 사정이나 형편 따위를 잘 헤아린다는 것이, 그리고 더 나아가 너그럽게 받아들인다는 것이 과연 가능키나 한 일인지.

이해가 아무리 신의 영역이고 사람으로서는 실천하기 어려운 영역이라고 해도 '이해하려고 애를 쓸 수 있는 데까지 애를 써 봐야 한다.'는 주장은 어떨까? 남의 사정이나 형편 따위를 잘 헤아리기 위해 부단히 노력하고, 또 마음을 비우고 너그럽게 받아들이는 포용력을 키운다면 완전한 이해에는 도달할 수 없을지 모르지만 나름 그래도 보람을 느끼는 삶을 살 수 있지 않을까?

옛 속담에 '콩 심은 데 콩 나고 팥 심은 데 팥 난다.'는 말이 있다. 가만 들여다보면 심은 대로 난다는 의미다. 그렇다면 세상을 살아가면서 우리가 마음을 쓸 때도 좋은 마음을 쓰면 좋은 것이, 나쁜 마음을 쓰면 나쁜 것이 태어난다는 말과도 일맥상통하는 게 아닌가! 다시 말해 어느 상황에서 오해를 하면 오해의 죄악이, 이해를 하려고 애를 쓰면 그나름 향기 나는 열매를 맺을 수 있다는 말이 된다.

사람은 누구나 향기 나는 인생을 꿈꾼다. '같은 값이면 다홍치마'라고 마음을 쓸 때도 미소, 환한 웃음, 이해, 용서, 배려, 경청, 봉사, 나눔과 베풂, 나아가 이웃을 사랑하는 씨앗들을 마음에 뿌리고, 그 싹을 틔우고, 키워 열매를 맺는 그런 삶을 살아가는 사람에게는 자연스럽게 아름다움 향기가 느껴질 수밖에 없을 터. 거기다가 '믿음과 의리' 곧 신의(信義)의 삶을 살아간다면 더 이상 바랄 수 없는 귀하고 고결한 삶이 되겠지.

하지만 말이 쉽지 현실적으로 불가능에 가까운 일로 여겨질 수 있다. 그도 그럴 것이 우리 마음에 긍정의 착한 씨앗을 뿌리고 열매를 맺기까지의 세상 환경이 그리 쉽고 녹록치 만은 않기 때문이다. 다만 한 가지 다행스러운 것은 아무리 어렵고 힘든 삶을 살아간다 해도 아침에 일어나서 거울을 보며 미소를 지어 보고, 환하게 웃어 보는 노력만으로도, 그리고 어렵지만 '해 보자.' '할 수 있다.'는 다짐을 품고 첫 발을 내디딘다면 그 삶은 점차 온 세상에 아름다운 향기를 보내는 삶이 될 수 있지 않을까?

   오해하기 보다는 이해하기 위해 애쓰는 삶을 통해 우리 모두의 인생을 향기롭게 가꿔 보자.

오르지 못할 나무

'오르지 못할 나무는 쳐다보지도 마라.' 어릴 때부터 귀가 닳도록 들어온 얘기다. 그러다 중학교에 오를 때쯤인가로 기억되는데 그때 배운 경구가 그 유명한 나폴레옹의 '내 사전에 불가능이란 없다.'는 말이었다. 전자는 가난한 백성들의 마음까지 가난하게 만들었지만, 후자는 가난과 역경을 극복하고 프랑스 황제의 자리에 올라 유럽의 절반을 정복한 불굴의 지도자 나폴레옹을 만든 원동력이 되었다.

왜 우리 선조들은 못 오를 나무를 심었을까? 물론 제 분수를 알라고 그런 나무를 심었다지만, 진심이었는지 따져 묻고 싶다. 억울하고 분하기까지 하다. 왕조시대 왕권수호의 발상인지 우민화의 발로인지 몰라도 기가 막힐 경구다.

'세상에 오르지 못할 나무는 없다'고 가르쳤으면 우리가 사는 지금의 이 세상은 어떻게 변했을까? 단언컨대 세상에 못 오를 나무는 없다. 그래야 창의가 춤을 추고 창조가 싹을 틔우며 혁신이 제 속도를 낼 수 있다.

조선 중종 때 조광조의 개혁정책이 성공을 거뒀으면 명치유신으로 귀결된 일본을 백년은 앞설 수 있었다는 얘기가 있지만, 거기다가 세상에 못 오를 나무가 없다고 가르쳤다면 우리 위상은 그야말로 상상을 초월하는 위치에 우뚝 서 있을 수 있다는 사실을 어느 누가 부정할 수 있겠는가!

'태산이 높다하되 하늘 아래 뫼이로다. 오르고 또 오르면 못 오를 리 없건 만, 사람이 제 아니 오르고 뫼만 높다 하더라.' 양사언의 시조다. 이 양사언의 도전 정신에 '못 오를 나무 없다'는 꿈과 희망이 융합하여 세상의 가치로 작용했더라면, 적어도 우리 역사에 34년 11개월 28일의 망국의 치욕의 역사는 없었을 것이고, 돌이킬 수 없는 민족상잔의 비극 또한 없었을지 모른다.

세상에 오르지 못할 나무를 너무 많이 심어 놓다 보니 여기저기서 수많은 부작용이 열렸다. 존재하지 않는다는 '오를 수 있는 나무'를 찾으려 세상은 온통 아수라장으로 변해 갔다. 이해와 용서는 고사하고 오해와 증오가 판을 치고, 사랑으로 갈급한 사람들의 가슴에 미움과 저주를 퍼부어 가며 '오를 수 있는 나무'를 먼저 찾고 차지하려 혈안이 되고 있다.

위기다! 어떤 이는 위기를 일컬어 위대한 기회라고 우스갯소리처럼 말한다. 아니다. 위기는 또 다른 기회라는 말처럼 우스갯소리가 아닐지 모른다.

후회는 아무리 빨라도 늦다는 말이 있지만, 시작이 반이라는 말도 있다. 역사는 언제나 어떤 시작에서 비롯되었다. 그리고 중단 없는 도전을 통해 진화해 왔다.

지금 시작하자. 세상에 오늘 수 없는 나무는 없다고 가르치고 행동하자. 오천 년 역사 속에 선량한 우리 백성들을 짓눌러 왔던 '오르지 못할 나무'는 이제 세상에 더 이상 존재하지 않는다. 그리고 못 오를 산도 없다. 오천 년의 멍에와 굴레를 훌훌 벗어 던진 이 홀가분한 마음과 기분으로 나무를 타자, 산에 오르자.

관심

'당신은 사랑받기 위해 태어난 사람'이라는 노랫말이 있습니다. 가사 그대로 사람은 세상에 사랑받기 위해 태어납니다.

아프리카 사자가 새끼를 낳으면 그 사자 새끼는 얼마 지나지 않아 바로 걸을 수 있는 반면, 사람은 태어나서 일 년 정도 지나야 비로소 걷게 됩니다. 사랑을 받을 수밖에 없는 형국이지요.
그런데 그 예쁜 아기가 사랑을 받기만 할까요? 티 없이 맑고 고운 눈, 환한 웃음은 우리 어른들에게 무한한 기쁨을 안겨 줍니다.

관심(關心)! 무슨 뜻일까요? 굳이 사전을 뒤지지 않아도 선뜻 떠오르는 말이 있습니다. 바로 '끌림'이 아닐까요? 사람들은 세상을 살면서 누구한테 가장 많은 관심을 받을까요? 물론 관심 중에 관심은 부모님의 자식에 관한 관심이 으뜸이 아닐까요? 특히 사회에 첫발을 내디디면서 바로 사랑하는 연인으로부터 받는 관심은 세상 무엇과도 바꿀 수 없는 기쁨 그 자체일 것입니다.
아직 싱글이라서 모르시겠다고요? 그럼 "Give & Take!" 먼저 관심을 기부해 보세요. 그러면 관심이 오고, 이어서 사랑도 오고, 축복 속에 행복도 찾아 올 겁니다.

그럼 왜 느닷없이 '관심'이라는 단어에 관심이 생겼을까요? 그것은 '관심'이라는 단어 속에 바로 '끌림'이라는 소중한 의미가 담겨 있다는 것을 알게 된 지극히 평범한 데서 시작이 되었습니다. 요즘 유행하는 신조어 중에 '썸'이라는 말이 있지요. 서로 호감은 갖고 있지만 정식으로 교제를 하고 있지는 않은 남녀 간의 상태를 일컫는 말로 영어 Something에서 파생된 말이라지요. 그렇다면 그 '관심'은 자신의 가족이나 연인만의 전유물일까요? 그들을 제외한 사람들은 자신에 대해 '끌림'이 함유된 관심은 없을까요?

'목불견첩(目不見睫)'이라는 말이 있습니다. 자기 눈으로 자기 눈썹을 볼 수 없다는 사자성어입니다. 세상 사람들은 자신의 눈에서 가장 가까이 붙어 있는 눈썹을 거울의 힘을 빌리지 않고는 볼 수 없습니다. 사람들은 자신의 눈으로 세상의 모든 것을 다 볼 수 있다고 생각합니다. 그러면서 한 발 더 나아가 세상 사람들의 웬만한 마음은 다 읽고 있다는 생각까지 하는 우를 범합니다.

세상에서 가장 소중한 사람은 바로 가족일 것입니다. 그 다음이 누구일까요? 세상에 태어나서 가장 왕성한 시기에 가족 보다 더 많은 시간을 함께하는 직장 동료들에 대한 관심과 배려 과연 얼마만큼 기울여 보셨나요? 그러면서 혹시 내가 보내는 관심보다 동료들이 내게 보내는 관심이 적다는 생각에 서운한 감정을 가진 적이 있으신가요?
"연탄재 함부로 발로 차지 마라 너는 누구에게 한 번이라도 뜨거운 사람이었느냐" 안도현의 詩 〈너에게 묻는다.〉의 한 구절입니다. 이 순간 자신에게 물어보면 어떨까요? 과연 내가 동료들에게 주는 관심 보다 받는 관심이 어느 정도인지를.

  누구로부터 받는 관심은 정말 기분 좋은 일입니다. 더군다나 직장 상사나 동료들로부터 받는 관심은 가장 값진 보람이 아닐 수 없습니다.

  존경은 관심에서 비롯됩니다. 누군가가 자신을 향해 어렵고 힘든 여건 속에서도 변함없는 기대와 믿음 위에서 끊임없는 관심과 배려를 보내고 있다는 사실을 알게 된다면 어떤 생각이 들까요?

  옛말에 '부지례 무이입야(不知禮 無以立也)'라는 말이 있습니다. 예를 알지 못하면 세상에 자신을 세울 수 없다는 말이지요. 예의는 가정에서 시작되어 직장으로 사회로 이어집니다. 그 중 직장에서의 예절은 개인 예절에 더해 조직 예절인 의전으로 발전합니다.

  글로벌 예절의 대명사인 외교적인 행사에서 의전을 소홀히 하면 심한 경우 외교까지 단절될 정도로 예절 곧 의전의 중요성을 심대하다 아니할 수 없습니다.

  너무 멀리 갔나요? 각설하고 한마디로 직장 예절은 선택이 아닌 필수입니다. 그리고 자신에 대한 남의 칭찬이나 존경의 시발점이 되기도 합니다. 그리고 그 시작은 지극히 작은 일에서 출발합니다.

  흔히 '인사는 만사'라고 합니다. 또 '인사는 아홉 명의 원수와 한 명의 배은망덕을 낳는 것'이라는 말도 있습니다. 그만큼 인사의 중요성과 어려움을 강조한 말이겠지요. 인사는 많은 변화를 수반합니다. 새 술을 새 부대에 담고, 고인 물을 퍼내고 맑고 깨끗한 물로 채우면 조직에 새로운 활력이 넘치고 변모 진화하는 발전적인 성과를 창출해 냅니다.

이런 긍정의 이면에는 간혹 인사 속에 깊이 깔려 있는 고뇌 섞인 관심과 배려를 도외시 하는 행태도 낳게 합니다. 참으로 안타까운 일이 아닐 수 없습니다. 그런 실책이 '부지례 무이입야'의 원인이 되고, 스스로를 고립무원의 외딴 섬으로 유배 보내는 것과 같은 결과를 초래하기도 합니다.

흔히 인생은 짧고 예술은 길다고 말합니다. 그러나 우리네 인생 그리 짧지만은 않다고 생각을 합니다. '일체유심조(一切唯心造)' 즉 마음먹기에 따라 길다고 생각하면 엄청나게 긴 것이 인생일 수 있습니다.

인사발령을 대하는 마음도 이와 같이 긴 안목에서 바라보는 노력과 함께 자기 자신을 깊이 성찰해 보는 계기로 삼아 보는 것은 어떨까요?

'너 자신을 알라' 설파했던 소크라테스도 어쩌면 자기 자신을 아는 게 가장 어려워 이 화두를 세상에 던진 것은 아닐까요? 우리 직장 상사나 동료들이 내게 보내 주는 관심의 정도나 수준은 과연 어느 정도 일까요? 혹시 생각보다 훨씬 크고 깊을 수 있다는 생각은 들지 않나요? 설령 그 받는 관심이 성에 차지 않는다고 해서 그 이유로 예절을 소홀히 할 수 있는 것은 결코 아닐 것입니다.

지금 이 순간 저마다 수많은 한계를 지닌 나 자신을 돌아보고 자신이 간과한 결례는 없었는지 한 번쯤 되짚어 보는 노력 어떤가요?!

모기

밤늦게까지 TV 바둑을 시청하다 소파에 기댄 채 깜빡 잠이 들었다. 자주 접하는 친근한 해설가의 목소리가 선잠결에 자장가처럼 희미하게 들리자 흐릿한 정신으로 침대로 가 몸을 던졌다.

얼마나 지났을까 곤한 잠결 사이로 왠지 모를 불쾌감이 발끝부터 치밀어 올랐다. 무의식 속에 이리저리 몸을 뒤틀어 보는데 그 순간 갑자기 '앵'하는 소리가 귓전을 스치자 "이놈이" 하며 잠에서 깨어났다. 잠을 깼지만 미동도 하지 않고 가만히 누워 있다가 살며시 침대에서 일어났다. 엄지발가락 부위가 고약하게 가려웠다. 모기 짓이다. "내 이놈을" 마음속 어디선가 부터 분노가 치밀어 올랐다.

"침착해야 돼"하며 열린 창문을 슬며시 닫았다. 화장실 문도 닫고, 이어서 거실로 향하는 문까지 잠갔다. 이제 더 이상 퇴로는 없다. "아차 안경" 더듬더듬 안경을 찾아 썼다. 눈이 건조했다. 몇 번이고 껌뻑이다보니 제법 부드러워졌다.

저녁 시간에 준비해 놨던 수건을 집어 똘똘 말아 쥐었다. "이제 됐다" 마음속으로 중얼대며 형광등 스위치를 '탁'하고 켰다. 수리부엉이 눈보다도 더 매서운 눈초리로 벽면을 수색하기 시작했다.

어둠 속에 있던 내 눈도 초점이 잘 맞지 않고 부옇게 보였다. 순간 망막 저 끝에 그리고 눈물샘 밑에 거의 말라 있던 눈물을 강제로 퍼 올렸다. 껌뻑이는 속도만큼이나 벽면도 밝아졌다. 이젠 지난번 어린 조카 녀석이 낙서해 놓은 글자까지 선명하게 보였다. 그 옆에 지난 전투의 무용담을 잊지 않기 위해 남겨 놓았던 상흔 '핏자국'도 검은 빛으로 보였다. "이놈 내가 누군데 감히" 갑자기 내 눈이 수리부엉이 눈알만큼 부풀어 올랐다. 서치라이트 까지 장착한 것 같았다.

전면 수색이 끝났는데 그놈은 종적이 묘연했다. 다시 자세를 낮추고 옆 벽면으로 서치라이트를 옮겨 비췄다. 거기도 없다. "이놈 봐라." 최근에 만난 놈 중 그 유명한 소림사 방장으로부터 천년 무공을 전수받은 전설의 고수임이 분명했다. 힐끗 두 번째 벽면을 더 살핀 눈이 제3 벽면으로 시선을 옮겼다. 큰 창문에 커튼 고리까지 남아 있는 곳이라 어느 곳보다 은폐 엄폐가 용이한 곳이다. 은폐 엄폐를 이용할 줄 아는 것을 보니 군대에 갔다 온 놈이 또한 분명했다.

"이놈아 나도 산전수전 다 겪었다." 낮은 포복으로 정밀 수색을 실시했다. 형광등 불빛 사각지대를 수색할 때는 그 속도가 절반으로 준다. 일 미리 또 일 미리 수색은 계속되었다.

새벽 세 시를 알리는 시계 종소리가 고요한 적막에 파장을 일으킨다. "아! 내가 뭔 짓을 하는 거지" 순간 자괴감이 밀려왔지만 눈동자는 흐트러짐이 없다. 세 번째 벽면 창틀 위를 쳐다 본 순간. "저기 있다!" 소림사가 배출한 천하의 고수가 기괴한 모습을 하고 웅크려 앉아 있다.

자칫 실수하면 밤을 설쳐 가며 치밀하게 준비한 전투가 패전으로 끝난다. '작전에 실패하면 용서 받을 수 있어도 경계에 실패하면 용서 받을 수 없다.' 논산훈련소 훈련병 시절이 뇌리를 스친다. 저놈의 퇴로를 예상하고 경계를 철저히 하면서 작전에 돌입해야 한다. 저놈의 비행술은 보통이 아니다. 눈에 보였다가 갑자기 사라졌다 어느새 내 귓전을 때리고 지나가는 신출귀몰한 놈의 비행술은 미국의 최첨단 비행기 조종사도, 우주 조종사도 흉내 낼 수 없다.

지난 사오십 년 동안 그놈과 치른 수천 번의 전투를 경험한 나의 오차 없는 직감이다. 오른손 수건을 다시 동여 들고 한 발 더 다가갔다. 마음속으로 예행연습을 한다. 그 시뮬레이션이 머릿속에 그려진다. 진하게, 그야말로 전광석화 같은 속도가 필요하다. 1976년 6월 27일 이스라엘의 엔테베 공항 인질 구출 작전은 비할 바 아니다. 속도가 필요하다. 모든 준비는 완벽하다. 수천 번의 전투를 승리로 이끈 오른손은 정확했다. '탁' 하며 전투가 끝났다. 칼날 같은 핏자국이 선명하다.

이미 오래전에 갑자기 켜진 불빛에 잠에서 깬 아내를 30여 분 꼼짝 못 하게 묶어 놓고 거둔 값진 승리다. "잡았어?" 하는 아내의 질문에 "내가 누군데" 득의양양이다. "나 원 참" 혀를 끌끌 차는 아내의 목소리는 귓전에 없다. 유명을 달리한 그놈의 주둥이는 생각보다 독했다. 며칠 전 약국에 들러 구입해 놓은 벌레 물린 데 바르는 약으로 벌겋게 부어 오른 엄지발가락을 달래 준다.

승리의 쾌감에 약발까지 받았는지 마음속에 시원한 가을바람이 분다. 아자!

옥수수 이야기
- 지구촌 환경을 함께 생각하며…

밤늦게까지 TV 바둑7월, 무더위가 기승을 부린다. 이 계절이면 청포도만큼이나 친근한 여름 친구가 있다. 바로 옥수수다. 껍질을 벗겨 갓 삶아 먹던 옥수수, 가난했던 시절 주린 배를 채워주던 소중한 벗. 이제는 더 이상 가난의 상징이 아니다. 귀한 옥(玉)처럼 대접받으며 남녀노소 누구나 즐기는 여름 대표 간식으로 자리매김했다. 마치 산골에서 대처로 나간 소년·소녀들이 주경야독 끝에 시대를 이끄는 주역이 된 것처럼.

우리에게 너무나 익숙한 이 작물, '옥수수'라는 이름의 유래는 의외로 흥미롭다. 한자어 玉蜀黍(옥숙서)에서 비롯되었다는 설이 있다. '옥(玉)'은 구슬, 즉 귀한 것을 뜻하고, '촉(蜀)'은 중국 옛 나라 이름, '서(黍)'는 기장류 곡물을 의미한다. 조선시대 문헌에서는 '옥촉서', '옥숙서'로 불리다가 점차 발음이 단순화되어 '옥수수'가 되었다고 한다. 알갱이가 구슬처럼 생겨 귀하게 여겨졌다는 해석도 있다. 우리나라에 들어온 경로도 흥미롭다. 옥수수는 원래 아메리카 대륙(중남미) 원산 식물이다. 16세기 이후 대항해 시대를 거쳐 스페인을 통해 유럽과 아시아로 전파되었고, 조선에는 16세기 말~17세기 초 중국을 통해 들어왔다는 것이 정설이다. 처음엔 '남만에서 온 기장'이라 하여 '남만촉서(南蠻蜀黍)', '강남미(江南米)' 같은 이름으로도 불렸다. 이 사실을 접하고 나니, 옥수수는 그저 배를 채우던 먹거리 이상의 존재로 다가온다. 옥처럼 귀하고 생명을 살리는 벗이라는 생각에, 막 쪄낸 옥수수를 베어 물려던 나를 잠시 멈칫하게 한다. 그러나 이내 미소와 함께 한 입. 과연 옥중의 옥이다.

주말, 서울에 사는 큰아들 내외가 손주들을 데리고 춘천으로 왔다. 아내와 나는 반가운 마음에 아파트 주차장으로 내려가, 시동도 끄지 않은 차에서 손주를 한 명씩 번쩍 안았다. 오는 길에 잠들었는지 비몽사몽인 얼굴들이었지만, 재회의 기쁨은 금세 전해졌다.

손주들이 온다는 소식에 미리 발코니에 큰 물대야 두 개를 준비해 두었다. 더운 날씨에 아이들은 집에 들어서자마자 옷을 훌훌 벗어 던지고 '발코니 수영장'으로 직행, 오전 내내 물놀이에 푹 빠졌다. 그 모습에 우리의 더위도 한순간에 사라졌다.

점심 무렵, 문득 '홍천 옥수수 축제'가 떠올랐다. 아이들에게 이야기하니 며느리가 "아버님, 저 옥수수 정말 좋아해요. 그중에서도 강원도 옥수수를 제일 좋아해요"라며 눈을 반짝인다. 의외의 대답에 나도 모르게 "그럼 세상에서 제일 맛있는 옥수수를 맛보게 해줄까?" 하고는 곧장 홍천행 준비를 했다.

'세상에서 제일 맛있는 옥수수'라는 말에 오래전 평창 알펜시아에서 있었던 일이 떠올랐다. 2013년, 서울에서 귀빈이 휴가차 강원도를 찾는다는 소식을 들었다. "휴가 동안 불편을 끼치고 싶지 않으니, 과장님만 와서 인사드리고 안내만 해주세요"라는 부탁을 받았지만, 나는 뭔가 대접을 하고 싶었다. 그 마음을 전하니, 귀빈을 모시던 분이 "그렇다면 강원도 옥수수 몇 토삭이 어떠세요?"라고 했다. 마침 홍천 두촌면이 '옥수수 중의 옥수수'로 유명하다는 걸 알고 있었기에 곧장 차를 몰았다. 마을에 도착하니, 마을 부녀회가 갓 따온 옥수수를 커다란 가마솥에 찌고 있었다.

"이 옥수수 파시나요?" 묻자 "그럼요, 세상에서 제일 맛있는 두촌 찰옥수수랍니다"라는 대답이 돌아왔다. 갓 쪄낸 옥수수 한 토삭이를 손에 쥐자 뜨거워 이리저리 굴리다 한입 베어 물었다. 천하일미, 바로 그 맛이었다. 그 순간 엉뚱하게도 오래 전 정주영 회장의 "이봐, 해봤어?"라는 말이 겹쳐 떠오르며, 지나가는 사람을 붙들고 "이봐, 홍천 옥수수 먹어 봤어?"라고 물어보고 싶은 충동을 느낄 정도로 맛있었다.

그 옥수수를 곱게 포장해 숙소로 전해드렸더니, 귀빈께서 "정말 맛있게 잘 먹었다"라며 기뻐하셨다는 답이 돌아왔다. 검소함과 성실함, 그리고 퇴임 후에도 어려운 이웃을 위해 봉사하는 그분의 모습은 지금도 마음속에 깊이 남아 있다.

이번에도 기대를 안고 홍천 옥수수 축제장에 도착했으나, 아뿔사! '옥수수 매진'이라는 팻말이 곳곳에 걸려 있었다. "아버님, 세상에서 제일 맛있는 옥수수를 주신다더니요!" 며느리의 귀여운 항의에 나는 "비장의 무기가 있지"라며 곧장 두촌으로 향했다. 그러나 주말이라 마을은 한산했다. 혹시나 하는 마음으로 농협 직판장에 가니, 다행히 밭에서 갓 따온 옥수수가 바닥에 널려 있었다. "축제장에 갔더니 매진이라 돌아가려다, 예전에 맛본 생각이 나서 왔어요." 하니, 판매자가 "올해는 이상기온으로 날씨가 너무 더워 옥수수가 잘 여물지 않았어요."라고 한다.

순간, 얼마 전 원평리의 한 펜션에 들렀을 때, 교회 권사님이 옥수수를 따 주시며 했던 말씀이 겹쳐 떠올랐다. "올해는 비도 많이 왔지만, 너무 더워서 옥수수가 잘 크지도, 익지도 않았어요."

두촌 찰옥수수 반 접을 사고, 덤으로 한 개를 더 받았다. 떠나려는데 판매자가 "기후변화와 이상기온 때문에 홍천 옥수수 축제도 많이 힘들었을 거예요"라고 했다.

아, 기후변화. 막연하던 불안이 현실이 되어 다가왔다. 머지않아 닥칠 환경 위기의 그림자가 또렷해졌다. 해수 온도 상승과 북극 빙하의 붕괴, 그리고 그것이 가져올 수많은 재난이 눈앞에 스친다.

귀갓길, 손주들의 동요 노랫소리에 우리 부부의 걱정이 겹쳤다. 공직자인 큰아들과 며느리도 "작은 일부터라도 환경 보호를 실천해야죠"라며 나름의 대책을 이야기했다. 그러다 보니 어느새 춘천에 도착했다.

집에 들어서자마자 홍천 두촌 찰옥수수를 삶았다. "아버님, 정말 맛있어요. 늘 말씀하신 그 세계 최고의 맛이에요!" "우와, 진짜네!" 아들도, 아내도 기쁨 가득한 맞장구를 친다. 그 순간, 40도가 넘던 더위가 한순간에 사라졌다.

| 사랑스런 며느리가 보낸 |

목요일에 만나요

김나영

"엄마 오늘이 무슨 요일이야?" 도윤이가 아침에 일어나서 제일 먼저 하는 말이에요. 목요일이 아닌 날에는 잔뜩 실망을 하고, 목요일인 날에는 신이 나서 유치원에 갑니다. 목요일은 춘천에서 할아버지 할머니가 서울로 하루 올라오시는 날이거든요
 목요일은 어른 아이 할 것 없이 손꼽아 기다리는 날이에요. 저랑 남편은 회사의 밀린 업무를 처리 할 수 있는 기회이고, 아이들은 그토록 보고 싶었던 하지, 하미와의 시간입니다. 이제는 둘째 은준이도 하지를 기다립니다. 말도 잘 못하는 우리 둘째는 하지와 눈빛으로 많은 교감을 나눠요, 하지 품에 꼭 안겨서 밥을 먹으려 한답니다.

 서울 오시면 잠자리도 불편하고, 아이들 때문에 쉬지도 못하고 힘드실 텐데 항상 즐거움이라고 하시면서 웃는 아버님. 사랑을 바구니로 가득 담아서 아이들에게 안겨주는 것 같아요. 아이들이 양질의 사랑에 흠뻑 젖는 느낌입니다. 이토록 사랑 많은 부모님과 육아를 함께할 수 있는 건 큰 복이겠지요

보통의 할머니 할아버지는 아이가 장난감을 갖고 놀면 장난감을 갖고 노는 아이 모습을 사랑스럽게 지켜보는 편이지요. 하지만 저희 춘천 부모님은 아이들의 놀이에 적극 참여 하세요. 키즈 카페에 가서 트램펄린을 직접 뛰시는 할머니 보셨나요? 저희 어머님이랍니다.

파리지옥, 끈끈이주걱을 사 오시는 할아버지 보셨나요? 저희 아버님이세요. 파리지옥, 끈끈이주걱은 벌레를 잡아먹는 식충 식물이에요. 아버님은 농협에서 파리지옥을 보자마자 얼른 결제를 하셨답니다. 평소 도윤이가 관심 있어 하는 걸아시니 당장 사신거지요. 파리지옥, 끈끈이주걱은 흥미로운 식물이라 텔레비전에 많이 나오는데, 실제로 사서 키울 수 있는지 저도 처음 알았습니다. 우리 가족은 파리지옥에게 줄 벌레를 열심히 잡았어요. 잡은 벌레를 식충 식물에게 주는데 도윤이는 뛸 듯이 기뻐했지요. 누구 하나 벌레가 징그럽고, 식충 식물이 이상할 법도 한데, 도윤이가 좋아하고 관심 있다는 것 하나로 똘똘 뭉칠 수 있었어요.

아이들이 관계 형성에서 큰 애착을 느끼고, 깊은 교감을 나누는 상대가 있다는 것. 아이들의 심신이 안정됨을 보면, 그 어떤 사교육도 남부럽지가 않습니다.
"하미랑 나랑 같이 키즈 카페에서 미끄럼틀 탔어." "하지랑 같이 벌레 잡아서 파리지옥 밥 줬다." 세상에 이보다 더 좋은 교육이 또 있을까요 아이들은 춘천 부모님과 함께하는 이 소중한 시간을 오래토록 기억하겠지요? 목요일에 또 만나~ 헤어질 때 눈 맞추고 인사합니다.

"하지 하미 우리 목요일에 또 만나, 사랑해! 사랑해! 정말 사랑해!!"

2025년 여름, 손자들 도윤이와 은준이, 워터파크 물놀이 체험 여행 중 곤돌라 타고 오른 몽블랑에서 한 컷!

| 고난의 파도를 함께 헤쳐 온 친구가 보낸 |

교정자(校訂者)의 변

장춘구

 그것은 지나치게 젠체하여 주제넘은 태도, 바로 시건방이었다. 어디에 변변한 글 한 줄 발표한 적이 없는, 글에 대하여 문외한인 내가 이미 등단한 수필가의 글을 교정해 주겠다고 자청한 일은 분명 시건방지고 신둥부러진 짓이었다.

 경사 허남석 선생은 중학교 입학 때부터 알고 지내는 나의 오랜 벗이다. 나이가 자치동갑이어서 너나들이로 허물없이 지내는 지가 55년이 되는 벗이지만 경사 선생은 수필가 즉, 수필이라는 글을 쓰는 데 능숙한 전문 문인인데 감히 그의 글을 교정해 보겠다고 나선 것은 오랜 교우 관계를 믿은 시건방진 망발이었다.
 그런데 나의 이런 시건방에 대하여 경사 선생은 자신이 글 쓰는 전문가임에도 불구하고 문외한인 나에게 자신의 글을 교정을 보라고 허락하는 불치하문의 자세를 보이니 이 또한 나를 더욱 부끄럽게 하였다. 그래, 수필가의 글이라고 교정 볼 곳이 어디 한두 곳도 없으랴 하는 마음으로 원고를 받아 들었다.

　글을 쌀에 비기어 그 속에서 뉘를 골라내려고 소반 위에 쌀을 한 겹으로 펴 놓고 하나하나 헤치고 뒤져 가며 뉘를 고르는 '소반 다듬이'를 하듯이, 경사 선생의 글에서 흠을 하나라도 골라내려고 글을 애써서 거듭 살펴보았다. 그러나 그 쌀은 이미 더 손댈 필요가 없을 만큼 깨끗하게 쓿은 쌀, '아주먹이'였다. 자판을 잘못 두드린 듯한 오타만 몇 군데 있을 뿐, 뉘도 싸라기도 없었다.

　어쨌든 흠을 찾아 교정하려는 목적으로 경사 선생의 글을 읽는 동안 흠은 못 찾고 그의 세상을 대하는 따뜻한 마음, 모든 숨탄것에 대한 깊이를 알 수 없는 사랑, 부모와 자식들과 이웃에 대한 다함없는 사랑, 자신에 대한 끝 모를 성찰만 확인하였다.

　그의 나이 종심(從心)이라고 일컫는 일흔, 글에서 풍기는 그의 사람됨의 바탕은 이미 무엇이든 마음에 하고 싶은 대로 하여도 법도에 어긋나지 않는 종심(從心)이 되었으니, 그의 글 또한 물 흐르듯 자연스럽고, 글과 글쓴이와 그의 일흔 살 나이가 딱 어울린다. 일흔 살 먹었다고 누구나 종심을 이룰 수는 없겠지만 경사 선생의 글은 그가 이미 종심에 이르렀다고 말한다.

장춘구 │ 춘천지방법원 서기관 퇴임
　　　　KBS우리말겨루기 1011회(2025.7.15.)우승자
　　　　현 김·장법무사 대표

| 에필로그 |

기적 같은 여정, 일흔의 발자취를 남기며

생애 첫 수필집을 마무리하면서 문득 "항상 기뻐하라, 쉬지 말고 기도하라, 범사에 감사하라" 하신 성경 말씀이 떠오른다.

어떤 종교나 철학적 사상을 떠나 삶의 과정에서 항상 기뻐할 수만 있다면 얼마나 행복한 일일까! 최근에 어떤 강연에서 '원영적 사고'라는 말씀을 들은 적이 있다. 장원영이라는 2004년생 갓 21살의 앳되고 예쁜 우리나라 걸 그룹 IVE 소속 가수의 이야기다.

평소 긍정적인 사고방식에 언제나 밝고 예의 바른 모습으로 대중 앞에서 큰 인기를 누리고 있는 장원영이란 젊은이가 전국적인 신드롬을 일으키고 있는 '초월적이고 긍정적인 사고방식', 즉 "나에게 일어나는 모든 일은 결국 나에게 좋은 일이 될 거야."라며 자신에게 닥친 여러 가지 어려움을 이겨 내는 모습을 보면서 그 곱고 아름다운 생각에 턱없이 못 미치는 나 자신을 겸허히 뒤돌아보는 계기가 되었다.

무언가 아쉬운 마음에 '원영적사고'에 대해 조금만 더 덧붙이면,

만약 자신의 언론기사에 붙은 수많은 '악플'은 자신이 인기가 생겼다는 뜻이고, 유명 맛 집의 빵을 사기 위해 줄을 서서 오래 기다리다가 자신 차례에 빵이 떨어져서 다시 30분을 더 기다리는 상황이 되면, "와! 30분만 기다리면 제일 따뜻한 빵을 살 수 있겠네!" 하는 등 포기하거나 주저앉을 만한 상황이 되어도 '차라리 잘 되었네' 하며 오뚝이처럼 일어나는 초월적 긍정적인 사고는 '항상 기뻐하라' 하신 의미가 바로 여기에도 있구나 하는 생각마저 든다.

 기도라는 것도 어떤 종교인이라서 드리고, 또 안 드리고 하는 것이 아니리라! 아주 가까이는 우리를 낳아 주고 길러 주신 부모님만 생각해 봐도 기도가 얼마나 가까이 있었는지 헤아려 볼 수 있다. 밤낮없이 자식들 다칠세라, 잘돼라, 다투지 말고, 서로 사랑하며 화목한 가정을 이루어라. 평생을 한순간도 놓치지 않고 염려하고 기도하시는 부모님의 사랑과 은혜를 생각할 때 기도의 의미가 얼마나 크고, 숭고하기까지 한 감동적인 일인지 나이 들어가면서 새삼 느끼게 된다.
 감사는 또 어떠한가! '사랑은 허다한 죄를 덮는다.'는 말씀이 있지만 감사 또한 더불어 사는 가족이나 이웃의 허다한 잘못을 덮는 기적 같은 능력이 있다는 생각이 든다. '9원의 추억'이라는 생애 첫 수필집을 내면서 지난날의 자신의 모습을 조용히 뒤돌아보았다. 어느새 70, 지난세월 내 삶의 순간순간은 한마디로 기적과 같은 여정이었다.

 어릴 적 동네 어르신들이 "저 녀석은 정말 살아있는 것이 용하다." 할 정도로 어린 나이에 큰 수술과 각종 사고로 생과 사의 숱한 고비를 수없이 넘겼고, 지금도 그때 그 순간들이 몸서리칠 정도로 생생한 전율로 남아 있다. 비단 이러한 일은 동시대를 살아온 사람들에게는 누구에게나 있을 법한 사건이었지만 그때 그 사건들 하나하나 살펴보면 어느 것 하나 오롯이 자신의 능력으로 이겨낸 것은 거의 없었다는 것이다. 마치 보이지 않는 곳에서 보이지 않는 누군가의 손길에 힘입어 살아나올 수 있었다는 생각을 하면서 그 감사의 의미를 새삼 되새겨 보곤 한다.

사랑하는 아내와 어머니, 그 아름답고 고마운 이야기

첫 수필집을 내면서 여러 가지 많은 이야기를 썼지만 정작 결혼 40주년을 함께 맞이하는 아내에 대한 얘기가 거의 없다는 것이다. 물론 함께 헤쳐 온 일들은 이 편 저 글에 소소하게 담아냈지만 아내가 주인공이 된 글이 한두 편을 제외하면 거의 없다는 것이다. 그런데 '주인공은 맨 마지막에 등장한다.'는 말로서 맺음 글에 아내에 대한 글을 마음 속 깊은 곳에서 우러나오는 사랑과 진정 고마운 마음을 담아 남기고 싶었다.

우리 부부의 결혼기념일은 3월 30일이다. 1986년 3월 30일 11시 양구군 양구읍 상리에 있는 한 예식장에서 차주영 양구군 부군수님을 주례로 모시고 결혼식을 치렀다.

그로부터 40년이란 세월이 그야말로 순식간에 흘러갔다. 달리 표현하면 사라졌다는 표현이 어울릴 정도로 빠르게 우리 곁을 떠나버렸다. 그런데 그 시절에는 몰랐던 사실들이 나이가 들어 가면서 알게 되는 것들이 하나둘이 아니다.

　남편으로서 뭔 그리 대단한 일을 한다고 그야말로 공직의 사명을 다한다는 명분 하나로 밤낮없이 직장 일에 몰두(?)하다 보니 가정이 어떻게 돌아가는지 전혀 몰랐다. 물론 알았거나 알 수도 있었는데 애써 회피했던 순간도 없지 않았는데 이제 와서 생각하니 그 미안함이 더 큰 모습으로 나를 움츠러들게 한다. 돌아보면 서른다섯에 혼자 되신 어머니와 아내의 36여 년 간의 어렵고 힘든 사연들은 다 접어 두고, 2019년 초에 시골집에 혼자 사시며 주일이면 교회에 나가시던 89세 되신 어머니가 연로하셔서 이제 더 이상 혼자 사시는 게 버거워지셨다.

　자연스럽게 과연 어머니를 누가 모실 것인가가 화두에 올랐고, 갑작스러운 변화에 형제자매들도 선뜻 나서기 힘든 형편이라 어머니를 요양원에 모시자는 의견이 나왔다. 이어서 "요즘 요양원은 시설도 서비스도 많이 좋아지고 있다."라는 의견까지 나왔지만, 정작 당사자이신 어머니는 요양원에 가면 자식들과 영영 이별한다고 생각하셨고, 심지어 나쁜 생각까지 하시며, "나는 죽는 한이 있어도 요양원엔 안 간다." 아주 단호하게 말씀을 하셨다.

　바로 그때 아내가 나섰다. "어머니를 원하시지도 않는 요양원에 모시면 죄 짓는 일이라 생각이 되고, 평생 후회할 것 같다."며 "어머니는 돌아가실 때까지 내가 모시겠다."고 선언을 했다. 물론 나와는 의논 한마디 없이 본인 스스로 결정을 내린 것이다. 형제들도 처음엔 멈칫했지만 아내의 태도가 더없이 강경해 누구 하나 이의를 제기하는 사람이 없었다. 40여 년 동안 쌓이고 쌓였던 고부

간의 어려움이 있었음에도 오히려 '어머니의 남은 생을 최선을 다해 잘 모시겠다.'는 아내의 결정은 누구도 예상하지 못했던 선포였고, 그러하기에 형이 먼저 세상을 떠나서 자연스럽게 장남의 지위를 이어 받은 아들로서 부끄럽기도 하고 한편으로 너무도 고마운 일이라 아내의 결정에 전폭적인 지지를 보냈다.

그 결정에 힘입어 양구에 사시던 어머니를 춘천으로 모시고 왔다. 아내는 그야말로 온갖 정성과 노력으로 어머니를 극진히 모셨다. 거기에 감동하셨는지 지난날의 앙금은 더 이상 찾아볼 수 없게 되었고, 오히려 마치 친정엄마와 딸처럼 부드럽고 더없이 돈독한 사이가 되어 갔다.

그러던 중 2021년 2월 코로나19가 전 세계를 공포의 도가니로 몰아넣은 이른바 코로나19사태가 우리 집에도 들이닥쳤다. 나와 아내가 동시에 '코로나19확진판정'을 받은 것이다. 판정 당일 원주의료원 후송을 앞두고 급박하게 92세 고령의 어머니에 대해 보건소에 '코로나19 출장검사'를 요청하기에 이르렀고, 다행히 음성 판정을 받은 어머니를 양구에 사는 막냇동생에게 부탁을 하고 후송을 가게 되었다.

그때 20여 일간을 제외하고 어머니가 소천하신 2022년 11월 25일까지 아내와 나는 어머니를 정성으로 모셨다. 그러나 그 정성이 우리들만의 생각이 아닐까 하는 아무도 묻지 않는 마음이 들기도 했지만 어머니 살아생전에 아내에게 "나는 죽는 날까지 에미랑 살 거다." 자주 "에미야 사랑한다 엄청나게…"라는 말씀을 하시곤 하셨는데 그 말씀이 아내의 진심과 헌신을 알아주신 어머니의 솔직한 마음은 아니셨나 하는 생각이 든다.

그런 정성에도 불구하고 어머니는 날로 쇠약해지셨다. 건강하시던 어머니가 건강이 점점 약해지신 사연은 이렇다. 어느 날 다른 날보다 조금 이른 시간에 퇴근을 하는데 마침 귀가 하던 아내를 1층 현관에서 만나 14층을 같이 올랐다. 현관문을 열자마자 어머니 방에서 "아이구아이구"하는 비명소리가 들렸다. 급히 들어가 보니 어머니가 높지 않은 침대에서 떨어져서 비명을 지르고 계신 것이 아닌가! 급히 119에 전화를 걸고 인근 대학병원으로 모시고 갔다. 바로 응급 진찰을 마친 의사선생님이 뇌혈관이 막혔다고 하신다. 그 여파로 어머니는 왼쪽 팔과 발을 전혀 쓰지 못한다는 소견을 듣고 나와 아내는 순간 큰 충격을 받았다.

이어진 의료진의 '뇌혈관에 주사를 하여 혈전을 뚫어 보겠다.'는 처방과 '잘못하면 혈관이 터져 위험할 수 있다.'는 진단을 하며 가족들의 결단을 요청했다. 아내와 고심 끝에 주사를 요청했다. 그런데 주사액이 들어가는 중에 어머니가 고통을 호소해서 주사를 중단했다. 그런데 기적 같은 일이 발생했다. 축 쳐져 있던 어머니 팔과 다리가 정상 상태로 돌아온 것이다. 아마 뇌혈관으로 주사했던 혈전용해제 일부가 역할을 해서 막혀있던 뇌혈관이 뚫렸다는 진단결과가 함께 나온 것이다. 지성이면 감천이라고 반신불수가 되실 뻔 했던 어머니가 정상을 되찾고 무사히 집으로 돌아오실 수 있게 된 것이다. 의료진도 정말 보기 드문 사례라며 "어머니께서 기도생활을 하시나 봅니다." 했다.

그 사건 후 어머니의 건강 상태는 조금씩 더 약해지기 시작했다. 그에 비례해서 아내가 어머니에게 쏟는 시간은 점점 늘어났다.

서른다섯 젊은 나이에 혼자 되셔서 시부모는 물론 5남매를 위해 그야말로 뼈가 부서져라 온몸이 깨져라 헌신하셨던 어머니는 생전에 크고 작은 많은 수술을 하셨다. 직장암 수술을 위시해서 패혈증 위기 직전의 어깨 수술, '양구 사랑의 집' 김순자 원장 도움으로 인공관절 수술, 두 차례 안과 수술을 받으신 어머니는 온몸이 그야말로 성한 데가 한 곳도 없으셨고, 열 손가락은 마디마디 관절염을 앓으며 콕콕 찌르는 아픔과 신음을 평생 안고 사셨다. 서울의 한 전문병원에서 6개월 간격으로 인공관절 수술을 할 때 어찌된 영문인지 다리를 절단하는 수술 중에 마취가 풀려 엄청난 고통과 쇼크로 자칫 생명을 잃으실 뻔 했던 순간도 있었는데 지금도 아찔한 현기증을 느낄 정도로 뇌리 속에 깊숙이 자리하고 있다. 그 수많았던 어머니 수술 이야기는 '천일야화'로도 모자랄 정도다.

고향집에서 우리 집으로 어머니를 모시고 와서 3년 6개월 정도 되는 시점부터 어머니는 거의 혼자서 거동하시기 어려울 정도로 약해지셨다. 자연스럽게 식사도 침상에서 하시게 되었고, 화장실도 부축을 드려야만 가실 수 있게 되었는데 나중에는 침상에서 수발을 들어 드려야 할 정도로 아예 거동을 못하셨다.

식사는 아예 삼키지 못하셔서 계속해서 죽으로만 연명하시던 중 같은 교회에서 함께 신앙생활을 하시는 박호환 김경례 내외분께서 감사하게도 대봉이라는 큰 감을 보내주셔서 이를 작게 조각을 내서 어머니 입에 흘려 넣어 드리기도 하였다. 그러던 어느 날 아내는 어머니가 위험하시다는 것을 감지했는지 신혼 초에 준비해 장롱 속에 깊이 넣어 두었던 삼베를 꺼내 세탁을 해서 한 겹 한 겹 다려 놓았다. 그 사이 줄곧 어머니 곁을 오가며 '어머니'를 부르면 반응을 하셨는데 점점 반응하는 정도가 현저히 떨어지셨다.

　어머니는 원래 종교가 없으셨다. 살아내기 위해 '호흡조차도 틈을 내기 어려운 삶'을 사셨고, 오직 시부모와 자녀들을 향한 어머니의 사랑과 헌신이 전부였던 어머니셨다. 나와 아내가 두 아들과 함께 춘천으로 이사를 한 후 이웃에 사시는 고모와 함께 교회에 나가시면서 신앙생활을 시작하셨다. 새로 신앙생활을 하시면서도 어머니 스스로에 대한 복을 빌기보다 자식들과 손주들 잘되라는 기도가 대부분이었다. 춘천에 사시면서도 기도를 한 번 시작하시면 족히 30여 분은 기본이고 전국에 흩어져 사는 가족들을 위해 '전국 일주형' 감사와 복을 기원하는 기도를 올리시곤 하셨다.

사랑하는 어머니의 소천

　2022년 11월 25일 저녁 어머니 건강상태가 급격히 나빠지셨다. 곧 운명하실 것 같은 불길한 예감이 몰아치는 순간 우리 교회 목사님께 급히 전화를 드렸다. 바로 이어진 목사님의 임종기도를 받으신 어머니 표정이 일순간 마치 웃는 듯한 표정으로 온화해 지시면서 놀랍게도 얼굴 주름살까지도 확 펴지는 모습이 되셨다. 이어 어머니가 그토록 예뻐하셨던 큰 손자 '학영'이와 통화를 하시고, 집안의 어른인 양구 작은 아버지와 통화를 마친 순간 내가 "어머니, 어머니, 어머니..." 하며 작고 큰 소리로 어머니를 불렀지만 온화하신 표정으로 눈을 감고 계신 어머니는 어떤 반응도 미동도 없으셨다. 그렇게 평생 자녀들을 위해 몸과 마음을 사랑으로 불태우셨던 어머니는 우리 곁을 떠나 하늘길에 오르셨다.

에필로그 속 에필로그

어김없이 찾아오는 주말 아침. 교회에 다녀온 후 피곤한 몸을 추스른 후 출근길에 라디오에서 '어른들이 요양원에 입원을 하시면 통상 3개월 정도 지나면 돌아가시는 분이 많다.'는 내용이 차안을 가득 메웠다. 가장 대표적인 이유가 우리나라는 어르신들을 요양원에 모시면 안전을 위해 거의 대부분의 시간을 침대에 계시게 하는데 바로 그것이 어르신들의 생명을 단축하는 핵심적인 이유가 된다는 것이다. 반면 일본에서는 요양원에 입소를 하면 다중실에 비해 5~10%의 정도의 비용만 더 들이면 된다는 '1인 1실' 방을 제공하고, 침대가 아닌 '옥외 활동을 정책적으로 장려'한다는 것이다. 특히 침대에만 계시게 하면 근육이 급격히 감소하고 소화력까지 떨어져 없던 질병도 생긴다는 설명이 격한 공감을 하게 했다. 그러면서 어머니가 살아생전에 왜 그토록 요양원 입원을 거부하셨는지, 또 버젓이 자식들이 있는데 요양원에 입원하면서 생길 상실감이 건강을 급격히 무너뜨리는 가장 핵심적인 요인이 된다는 생각이 더해지면서 수년전 아내가 직접 어머니를 모시겠다고 한 결정이 얼마나 고맙고 감사한 일인지 새삼 느끼는 계기가 되었다.

2000년 1월 31일부터 도지사실에 근무하면서 일명 '스피치라이터'로서 지사님의 각종 행사 연설문과 강연 자료 등을 준비하는 직무를 담당했던 적이 있다. 당연한 일이지만 지금까지보다 더 가정사에 시간을 할애할 수 없게 된 것이다. 오전 7시 전후 출근하면 밤 12시가 넘어야 퇴근을 했다. 거의 3년간 계속되었다. 그 사이 아이들 둘은 점점 더 성장했고, 아이들과 아버지와의 대화는 거의 단절되다시피 했다. 큰아이의 이른 시간 등교와 늦은 시간 하교를 책임지며 짧은 순간 나눈 대화가 전부이다시피 했다. 유난히 사춘기를 심하게 겪었던 큰아이를 위한 눈물의 기도는 물론 일일이 다독이는 일부터 작은아이 학교 일까지 모든 게 아내의 몫이었다. 지금은 결혼을 해서 서울에 터전을 잡고 어려워진 경제 여파로 아슬아슬하게 살아가는 큰아들과 작은아들에 대한 미안한 마음이 바로 여기에서부터 비롯되었다면 그럴 것이다.

어머니에 대한 섬김에서부터 아이들에 대한 양육에 이르기까지 어느 하나 아내에게 고맙지 아니한 것이 없다. 40여 년 함께 살아온 파란만장한 지난날의 가정사 그 역사가 비단 이것들 뿐 이겠는가! 그 과정 속에도 수많았던 고난과 위기와 어려운 순간들이 많았지만 아내의 헌신적인 사랑과 노력으로 극복해 낸 일들을 거울삼아 남은 생 "네 이웃을 네 몸과 같이 사랑하라" 하신 성경 말씀에 순종하며 겸손하기 위해, 오해보다 이해하기 위해, 배려하고 협력하며 사는 삶을 위해 노력을 기울이며 살아가는 것이 '기뻐하고 감사하는 삶'이 될 것이라는 다짐을 해 본다.

2025년 하반기가 시작되는 첫날, 7월 1일 아침

불현듯 어머니 생각이 났다. 서른다섯에 혼자 되셔서 93세를 일기로 하늘나라 가신 어머니. 일생 한순간도 오로지 못난 자식들을 위해 몸과 마음을 불태우셨는데 과연 나는 어머니께 무슨 보답을 드렸나 하는 생각에 한없이 몸과 마음이 움츠려 들면서 죄송하고 또 죄송한 마음이 슬픈 파도처럼 밀려온다. 이제 그토록 못난 아들이 만분의 일도 안 되는 어머니에 대한 기억과 진심으로 감사하는 마음을 담아 만든 이 책을 하늘나라에 계신 어머니와 언제 어디서나 우리를 지켜 주시고 사랑하시는 하나님께 올려 드린다.

아직도 못다 한 이야기

생애 첫 에세이집을 묶어 내며, 하나부터 열까지 부족함을 절실히 느낀다. 무엇보다 지금의 나를 있게 해 주신 분들께 전해야 할 「감사」의 마음과, 꼭 쓰고 싶었던 이야기들을 다 담지 못한 아쉬움이 제일 크다. 아홉 살, 세 번째로 입학했던 초등학교 시절의 수많았던 추억, '경천애인'을 가르쳐 주셨던 선생님과의 만남, 좁디좁은 교회 계단을 오르며 십자가 철탑 아래 작은 방에서 느꼈던 두려움과 환희의 순간… 그런 이야기들이 빠져 있다. 또한 삶을 더욱 풍성하게 한 귀한 인연들 역시 대부분 담지 못했다. 초·중·고와 대학의 동창 모임, 지금도 우정을 이어가는 성우회, 동갑내기들의 나비회와 오륙회, 테니스로 맺은 배나무클럽·아침햇살 클럽·구봉산테니스클럽·동부교회테니스클럽의 활기찬 이야기, 오랜 역사와 전통을 지닌 재춘양구군민회의 감동적인 수많은 미담들, 그리고 강원특별자치도행정동우회와 도우회, 춘천동부교회와 동부디아코니아 및 산하기관들의 '이웃 사랑과 섬김'의 아름다운 발자취… 이 모든 것들을 미처 다 적지 못했다.

사랑하는 누나와 여동생, 막내 동생과 조카들, 손주들, 그리고 고난의 높은 파도를 함께 넘어와 기적 같은 삶을 일구신 양구 작은아버지 댁을 비롯한 일가친척들의 눈물겨운 이야기 또한 아쉽게도 지면에 담지 못했다. 그 생각을 하면 마음이 많이 아쉽고 죄송하다. 가장 소중한 가족 이야기 가운데 빼놓을 수 없는 것이 처갓댁이다. 두 아들, 학영이와 문영이에게는 무엇보다 정겹고 포근한 외갓집이다. 특히 큰아들 학영이가 세상에 태어나자마자 품을 의탁했던 곳이 바로 외갓댁이었다. 외할아버지와 외할머니, 외삼촌과 이모, 그리고 이모부까지, 모두가 한 가족으로 어울리며 아이들의 어린 시절을 함께 보살펴 주었다. 생사고락을 함께 나누며 서로의 어깨가 되어 주던 따스한 사랑의 기억은 지금도 가슴 깊이 그립고 다정하다.

흔히 사돈 관계를 두고 "아슬아슬한 다리 하나로만 이어진 강 건너 사람"이라 빗대어 말하기도 한다. 그러나 우리에게 사부인을 위시해서 양양의 큰며느리 외갓댁은 그 어떤 오래된 이웃보다도 더 가깝고 감사한 가족이다. 여러 차례 나영이 외갓댁에 초대받아 머무는 동안, "우리가 이런 대접을 받아도 될까" 싶을 정도의 융숭한 환대를 받았고, 함께 바닷가를 거닐며 여행의 즐거움도 나누고 누렸다. 그때의 감사와 기쁨은 아무리 세월이 흘러도 잊히지 않는 따뜻한 추억으로 남아 있고 지금도 진행형이다.

혹시 훗날 또 한 번 책을 낼 수 있는 기회가 주어진다면, 오늘의 이 부족하고 어설픈 첫 걸음을 발판 삼아, 내게 따뜻한 사랑과 격려와 응원을 보내주신 모든 분들께 조금이라도 보답하는 글을 남기고 싶다. 그것이 나의 다짐이자 간절한 소망이다.